徳のリーダーシップとは何か

三国志の英雄・劉備玄徳は語る

Ryuho Okawa
大川隆法

本霊言は、2015年2月17日、幸福の科学総合本部にて、
公開収録された(写真上・下)。

まえがき

政治や経営を志《こころざ》す者にとっては、『三国志《さんごくし》』は必読の教養書の一つであろう。乱世《らんせい》に続々と現れてくる英雄の中でも、「徳のリーダーシップ」を学ぶには、蜀《しょく》の国の創立者、劉備玄徳《りゅうびげんとく》に学ぶのが一番良い。

彼は二十四歳頃旗揚《はたあ》げしたものの、その後、二十数年うだつが上がらなかった。五十歳が近づいた頃、諸葛亮孔明《しょかつりょうこうめい》という、二十歳も年下の青年軍師を得て、五虎将軍《ごこしょうぐん》をまとめ上げ、ついに天下三分《てんかさんぶん》の計《けい》通り、一介《いっかい》のむしろ売りから、一国の皇帝《こうてい》となった。長年の苦労の中に磨《みが》き上げた徳の中には、仁《じん》の心、義《ぎ》の心、智《ち》慧《え》や勇気が光っている。特に組織マネジメントの中の「徳の力」ということでは、『論語《ろんご》』以上に学ぶべきことは多い。
志《こころざし》を立てて、会社を創業したり、国造《くにづく》りに貢献《こうけん》したい方《かた》にとって、本書は、まさに、そのスタート点となる一書《いっしょ》であろう。

二〇一七年　九月二十六日

幸福《こうふく》の科学《かがく》グループ創始者兼総裁《そうししゃけんそうさい》　大川隆法《おおかわりゅうほう》

徳のリーダーシップとは何か　三国志の英雄・劉備玄徳は語る　目次

徳のリーダーシップとは何か
三国志の英雄《えいゆう》・劉備《りゅうび》玄徳《げんとく》は語る

二〇一五年二月十七日 収録
東京都・幸福の科学総合本部にて

4

孔明《こうめい》と劉備、その才と徳はどう作用したか　

10　孔子《こうし》の徳とは違《ちが》う「組織のリーダーとしての徳」　156

「霊言現象《れいげんげんしょう》」とは、あの世の霊存在の言葉を語り下ろす現象のことをいう。これは高度な悟《さと》りを開いた者に特有のものであり、「霊媒現象《れいばいげんしょう》」（トランス状態になって意識を失い、霊が一方的にしゃべる現象）とは異なる。外国人霊の霊言の場合には、霊言現象を行う者の言語中枢《ちゅうすう》から、必要な言葉を選び出し、日本語で語ることも可能である。

なお、「霊言」は、あくまでも霊人《れいじん》の意見であり、幸福の科学グループとしての見解と矛盾《むじゅん》する内容を含《ふく》む場合がある点、付記しておきたい。

徳のリーダーシップとは何か
三国志の英雄《えいゆう》・劉備玄徳《りゅうびげんとく》は語る

二〇一五年二月十七日　収録
東京都・幸福の科学総合本部にて

劉備玄徳《りゅうびげんとく》（一六一～二二三）

中国、後漢《ごかん》末期から三国時代の武将、蜀漢《しょくかん》の初代皇帝《こうてい》。黄巾《こうきん》の乱の際、関羽《かんう》・張飛《ちょうひ》らと共に討伐《とうばつ》に加わり、功績を挙げる。「三顧《さんこ》の礼」をもって諸葛亮孔明《しょかつりょうこうめい》を軍師に迎《むか》えると、「天下三分《さんぶん》の計」に基《もと》づいて呉《ご》の孫権《そんけん》と結び、赤壁《せきへき》の戦いで魏《ぎ》の曹操《そうそう》を打ち破る。二二一年、後漢が滅《ほろ》びると成都《せいと》で即位《そくい》。国号を漢（蜀漢）と称《しょう》し、呉・魏と天下を争った。

質問者　※質問順

里村英一《さとむらえいいち》（幸福の科学専務理事〔広報・マーケティング企画《きかく》担当〕）

斎藤哲秀《さいとうてっしゅう》（幸福の科学編集系統括《とうかつ》担当専務理事）

釈量子《しゃくりょうこ》（幸福実現党党首）

［役職は収録時点のもの］

1　徳の人・劉備玄徳《りゅうびげんとく》にリーダー論を訊《き》く

『三国志』は「人間学」や「リーダー学」の宝庫

大川隆法　一昨日《おととい》（二〇一五年二月十五日）、大阪《おおさか》で「先見力の磨《みが》き方」という話をしたのですが、その話をしたら、「次は、徳のリーダーシップのような話をしなければいけないのかな」という気がしてきました。

宗教としても、徳の問題は大きいのです。宗教は、経営者や政治家、教育者、その他、いろいろな意味で「人の上に立つ人」を育てるところでもあるので、「徳のリーダーシップ」というものは、研究価値が高いのではないかと考えていますし、もちろん、現在の日本や世界にとっても、大事なことかと考えています。

考えてみるに、歴史上、「徳の人」として有名な人の一人は、中国の『三国志』の時代の劉備玄徳《りゅうびげんとく》でしょう。この人が、やはり、「徳の人」として知られていると思います。

中国に対しては、現在、幸福の科学もかなり厳しい批判をしていますが、中国が歴史的に偉大《いだい》な人材を数多く生んだことは認めていますし、それが人類の遺産になっていることも、十分に認めています。

また、中国は日本にも大きな影響《えいきょう》を与《あた》え、過去の日本人が中国に学んだことも事実だと考えています。特に、戦国武将たちは、みな、(中国の兵法等を)勉強したであろうと思います。

現代では、企業《きぎょう》経営者たちは、創業するに当たって、たいてい、『項羽《こうう》と劉邦《りゅうほう》』と『三国志』を読むのではないでしょうか。この二つは、「歴史もの」として、欠かすことのできない教養書ではないかと考えています。

そのほかに有名なものとしては『水滸伝《すいこでん》』もありますが、あれは、都《みやこ》を次々と逃《に》げ出した英雄《えいゆう》たちが集まってきて「梁山泊《りょうざんぱく》」をつくる話なので、個人戦に近く、「経営」という意味では、少し物足りません。

湯川秀樹《ゆかわひでき》さんはこの物語が好きだったようですし、研究者のように、個人でやる場合には、いろいろな方が集まってくるのは面白《おもしろ》いとは思います。

しかし、組織戦というか、「組織力を高めて国を立てる」ということは、やはり、一つの大きなロマンなので、『項羽と劉邦』の時代や『三国志』の時代は、「企業間競争をしながら、いかにして〝天下統一〟をするか」ということの勉強にはなると思います。

『三国志』の時代には天下統一までは行かなかったのですが、諸葛亮孔明《しょかつりょうこうめい》の

『項羽と劉邦の霊言
項羽編―勇気とは何か』
（幸福の科学出版刊）

『項羽と劉邦の霊言
劉邦編―天下統一の秘術』（幸福の科学出版刊）

「天下三分《さんぶん》の計」により、魏《ぎ》・呉《ご》・蜀《しょく》が鼎立《ていりつ》するかたちになりました。

時代的には、日本で言うと邪馬台国《やまたいこく》のころです。卑弥呼《ひみこ》が『魏志倭人伝《ぎしわじんでん》』に登場していますが、卑弥呼が魏の国に使者を送り、称号《しょうごう》（親魏倭王《しんぎわおう》）をもらっているらしいことが分かっているので、だいたい、紀元三世紀のことだと言えます。

『三国志』は壮大《そうだい》な物語でもありますし、登場人物が三千人を超《こ》えているのは確実のようなので、これを描《えが》いた人は大したものだと思います。「見てきたように描いた人も、それなりに、そうとうなものだ」とは思いますが、この各人を理解し分けるのは、それほど簡単なことではありません。

そのように、三千人を超える人々が登場してきているので、「人間学」として

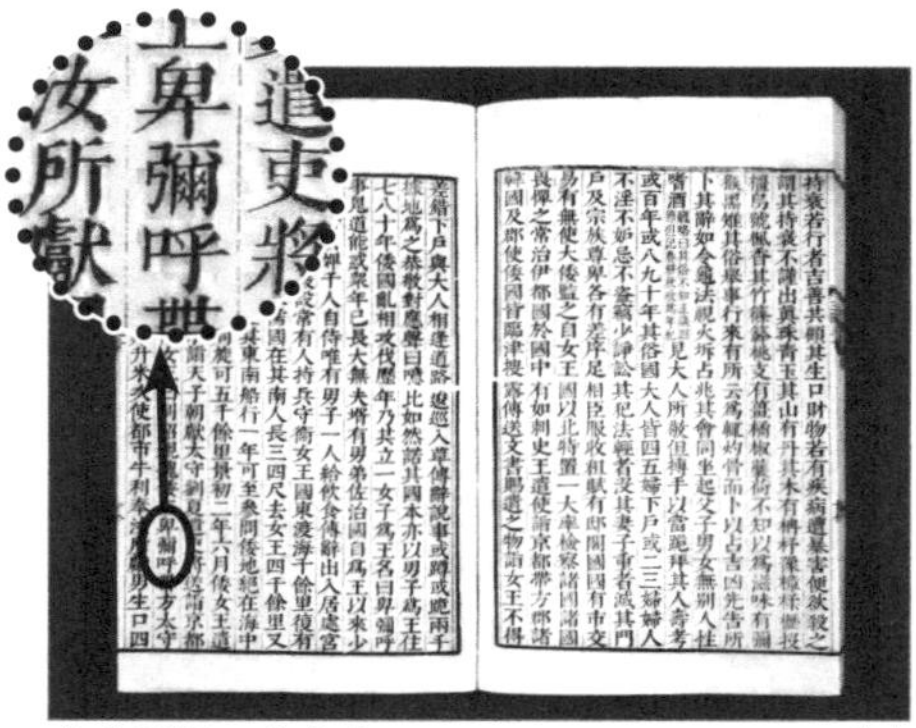

邪馬台国《やまたいこく》や卑弥呼《ひみこ》の存在について記された『魏志《ぎし》倭人伝《わじんでん》』（『三国志』魏書東夷伝）。左ページ２行目・下に「卑彌呼（卑弥呼）」の名前が見られる。

も宝庫であると同時に、経営人材や政治人材等の「リーダー学」としても、宝庫だと考えられます。

そして、ゼロから身を起こして国を立てる流れ、今で言えば、大企業を立てていく流れは、「どのようにして国をつくっていくのか。どのようにして人材を集め、養成し、国を建てていくのか」という意味での〝知力戦〟であり、また、「勇気」や「武力」など、いろいろなものが試《ため》されていくと思うのです。

そういう意味では、『三国志』には、汲《く》めども汲めども尽《つ》きない智慧《ちえ》の泉があるのではないかと思います。

戦《いくさ》そのものは悲惨《ひさん》なものなので、見ていてそれほど気持ちのよいものではないと思うのですが、〝知力戦〟という面で見れば、現代の企業の競争戦略にも、いろいろな政党政治の競争にも、国際間の外交戦にも、十分に使える面はあるでしょう。

そういう意味で、知識として知っているのと知らないのとでは、大きな違《ちが》いがあるのではないかと考えています。

『三国志』の時代には、魏《ぎ》・呉《ご》・蜀《しょく》によって天下が三分《さんぶん》された

大川隆法　『三国志』の時代について説明するとなかなか終わらないので、詳《くわ》しくは言いませんが、簡単に述べておきます。

（後漢《ごかん》の末期に）「黄巾《こうきん》の乱」が起きて国が乱れたあと、何とかして国を統一しようとする動きが起きてきます。群雄が割拠《かっきょ》し、いろいろな人が出てくるのですが、あとから出てきた者に倒《たお》されていき、次第《しだい》しだいに三つの勢力になっていきます。

この三つのなかで、おそらく最大勢力だと思われるのが、魏《ぎ》の国です。中国の中央部や北部のあたりに魏の国があり、揚子江《ようすこう》の南側あたりに呉《ご》の国があって、

天下が三分された「三国志」の時代

約400年続いた漢《かん》王朝が衰退し、役人の腐敗と圧政によって民衆が苦しむなか、184年に、太平道《たいへいどう》の教祖・張角《ちょうかく》が「黄巾《こうきん》の乱」を起こす。乱そのものは平定されたが、漢王朝は統治機能を失い、群雄《ぐんゆう》割拠《かっきょ》の乱世の時代に突入。地方豪族たちが覇を競って戦火を交え、やがて中国大陸には魏《ぎ》・呉《ご》・蜀《しょく》の三国が鼎立《ていりつ》する。その後、280年に呉が滅びるまでの約100年間が、「三国志」の時代とされる。

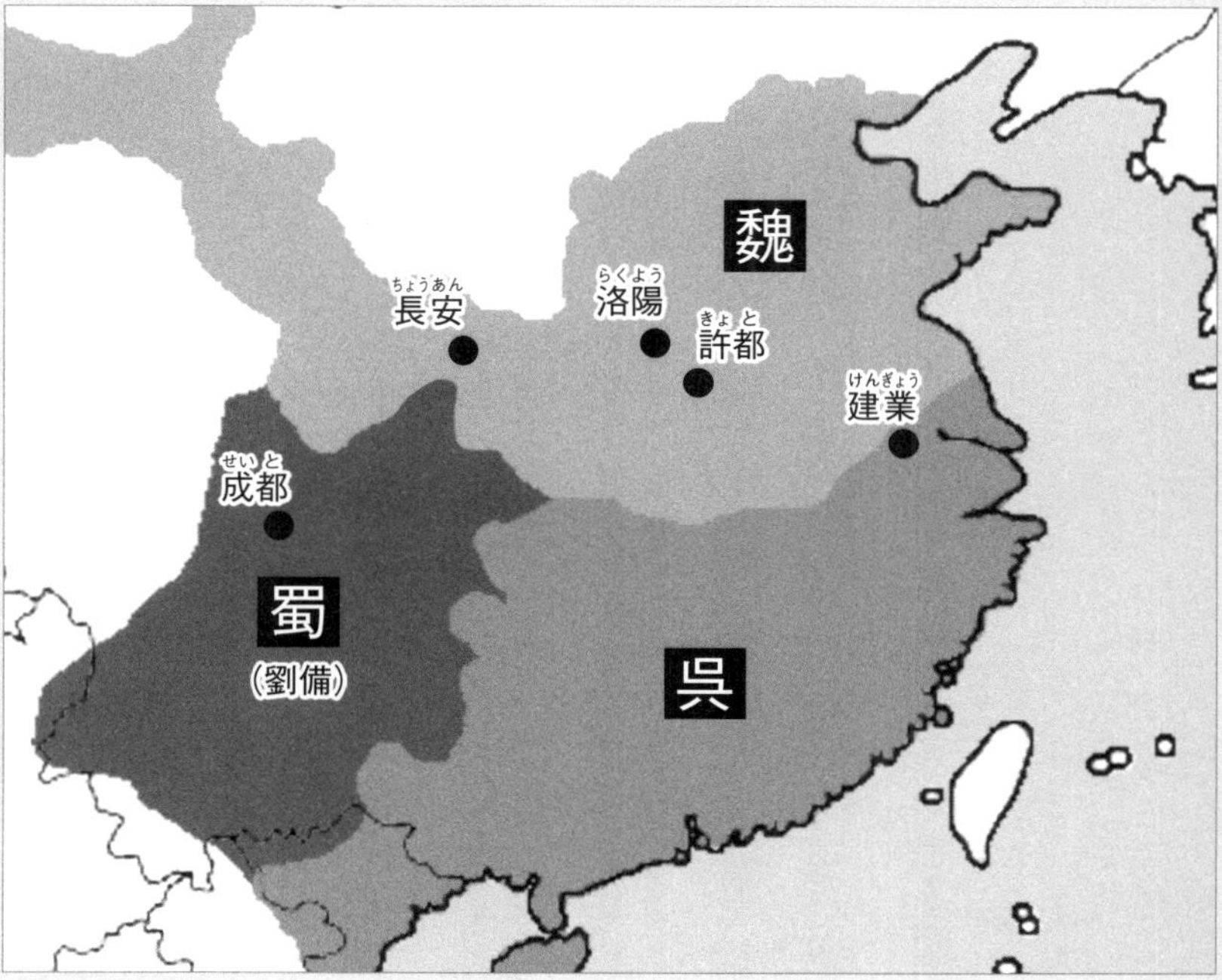

西のほう、四川《しせん》料理がおいしいあたりに蜀《しょく》の国がありました。

今日霊言《れいげん》を収録する劉備玄徳は、蜀の国を中心に活躍《かつやく》した方です。

蜀の国のあたりは、孔明の「天下三分《さんぶん》の計」よりも四百年ぐらい前になるかもしれませんが、「項羽と劉邦の時代」にも重要な役割を果たしています。

項羽が強すぎたため、劉邦は、この蜀の国のあたり、〝中国の西〟のほうに追いやられました。なかなか険《けわ》しい山道《さんどう》を通らなくてはいけないような所にいったん身を隠《かく》し、そこから再起して攻《せ》め上《のぼ》り、韓信《かんしん》などを使って戦ったのです。

こういうかたちで中国の西側から出てくるのは蜀が二回目なので、中国人の頭のなかには、これが、ある意味で〝鋳型《いがた》〟のようにインプットされているのです。

したがって、共産党をつくった毛沢東《もうたくとう》の戦略・戦術のなかにも、「奥《おく》のほう、西のほうに入って勢力を挽回《ばんかい》し、もう一回攻め上る」というような考え方が入っていたのではないかと思います。

　また、現代の宗教に当てはめてみると、創価学会《そうかがっかい》は、（東京の西部に位置する）八王子《はちおうじ》のほうに〝国〟を建てていますが、「これは蜀の国をモデルにしており、『三国志』が頭にあったらしい」と言われています。

　これに対し、幸福の科学は〝華北《かほく》〟のほうに〝陣地《じんち》〟を築きました。宇都宮《うつのみや》など、東京の東北に当たる地域に総本山《そうほんざん》をつくりましたが、これは、「魏の国に当たる地域に国を立てて東京に南下する」というようなかたちです。

　また、今、当会の総合本部がある東京南部は「呉の国」に当たり、食料や人材が豊富な所です。今、このあたりに当会の本拠地があるような感じですが、「東京でも西部に対しては〝攻め方〟が少し足りないのかな」と思ってはいます。

　当時、国としてはその三つがあり、魏の国には曹操《そうそう》がいました。呉の国には、孫堅《そんけん》、孫策《そんさく》、孫権《そんけん》がいましたが、劉備と同じような時期に活躍したのは孫権あたりになるのかと思います。そして、蜀の国には劉備がいたわけです。

『三国志』に見る、「創業」の面白《おもしろ》さと「守成《しゅせい》」の難しさ

大川隆法　劉備には伝説がありすぎて、実際のところについてはよく分からないのですが、「前漢《ぜんかん》の中山靖王《ちゅうざんせいおう》である劉勝《りゅうしょう》の子孫《しそん》だ」と称して旗揚《はたあ》げをしています。これが嘘《うそ》か真《まこと》か、あまり訊《き》きすぎてはいけないかもしれません（笑）。物語ではそうなっているので、そのほうがよいでしょうし、あまり〝嘘発見器〟にかけてはいけないのではないかと思っています。

「前漢の王の子孫が筵売《むしろう》りをやっていた」と

高祖・劉邦《りゅうほう》が建てた漢王朝

秦《しん》王朝が紀元前 206 年に滅亡した後《のち》、項羽《こうう》と劉邦が覇権を争って対立。「垓下《がいか》の戦い」で項羽を破った劉邦は紀元前 202 年に漢《かん》王朝を建てる。

その後、紀元 8 年に外戚の王莽《おうもう》に帝位を奪われ、漢王朝はいったん滅亡するが、23 年、漢王朝の一族である光武帝《こうぶてい》（劉秀《りゅうしゅう》）が王莽を倒して中国大陸を再統一。漢王朝を復興した。

紀元 8 年の滅亡までを前《ぜん》漢、復興から 220 年の魏《ぎ》王朝の誕生までを後《ご》漢と呼ぶ。

（左）漢の初代皇帝・劉邦

いうことには、なかなか信じられないところがあります。身分の落とし方としては、かなりすごいからです。

劉備は、大きな木が生《は》えている所の近くに住み、お母さんと二人で筵売りをして身を立てていたわけですが、関羽《かんう》や張飛《ちょうひ》と出会って「桃園《とうえん》の契《ちぎ》り」を結び、戦いを始めます。そのうちに軍師の諸葛亮孔明を得て勝ち始めて、「天下三分の計」で蜀を立てるのです。このあたりまでが一大ドラマです。

そして、蜀は魏と戦い続けるわけですが、魏は国力が蜀の五倍ぐらいあるところだったので、孔

諸葛亮孔明《しょかつりょうこうめい》像（四川《しせん》省成《せい》都《と》市、武侯祠《ぶこうし》）

「桃園の契り」を結んだ河北《かほく》省涿州《たくしゅう》市に建つ劉備玄徳《りゅうびげんとく》、関羽《かんう》、張飛《ちょうひ》の像。

明をもってしても勝てませんでした。何度も遠征《えんせい》しましたが、どうしても引き分け以上に持ち込《こ》むことはできず、やがて、孔明は五丈原《ごじょうげん》で没《ぼっ》したのです。

劉備の死後は、劉備の子（劉禅《りゅうぜん》）が跡《あと》を継《つ》ぎます。彼については、「赤ちゃんのころ、ある人が懐《ふところ》に入れて走ったりしたときに、頭を打ったのではないか」という説もあるのですが（注。明《みん》の時代に書かれた小説『三国志演義《えんぎ》』には、「劉備の家臣《かしん》の趙雲《ちょううん》が、阿斗《あと》〔劉禅の幼名〕を自分の懐に入れ、馬で戦場を駆《か》け抜《ぬ》けて、劉備のところに送り届けた」という場面が描かれている）、これは怖《こわ》いので冗《じょう》談《だん》としても、「もうひとつ優秀《ゆうしゅう》ではなかった」という説もあり、残念ながら、蜀は

阿斗《あと》を救い出すシーンを再現した趙雲《ちょううん》像。
（湖北《こほく》省当陽《とうよう》市、長坂坡《ちょうはんは》公園）

劉備の次の代で滅《ほろ》びているのです。

それでも、劉禅の時代だけで四十年ぐらいあるので、ある程度、人材はいたのではないかと思います。

建国というか、「創業」は非常に面白《おもしろ》いと思いますが、そのあとの「守成《しゅせい》」の部分、「事業ないし国家を維持《いじ》する」という部分については、どこにおいても、たいへん難しかったのではないかと思います。

最大勢力を誇《ほこ》っていた魏の国でさえ、司馬懿仲達《しばいちゅうたつ》（魏の将軍）の子孫に国を奪《うば》われ、次に晋《しん》の国ができています。そういう意味では、長くは続かないでいます。

ただ、物語としては「創業」が面白いことは面白いのですが、今は、そういう時代なのかもしれません。

大まかに言うと、そのようなところです。

劉備玄徳は「多くの人に愛された武将」

大川隆法　『三国志』には物語があり、ドラマや映画等もいろいろあるので、あらすじを知っている方も多いのではないかと思います。昔に書かれたものであり、どこまでが本当のことなのかは分からないのですが、フィクションであっても、何度も読んでいると〝歴史的事実〟になるものもあります。

今回、劉備にはどこまで正直にお答えいただけるか分かりませんが、今日の焦《しょう》点《てん》は次のようなところでしょう。

劉備が本当に筵《むしろ》売《う》りだったかどうかは知りませんが、若いころに貧しかったことは間違いありません。零落《れいらく》した地方官の父を亡《な》くした子供が、貧しい身分から国を建てるところまでのプロセスは、何か物事を始める際には、非常に大きな考え方になると思いますし、「人を惹《ひ》きつける魅力《みりょく》とは何であったのか」ということは、研究の対象になると思うのです。

歴史上、武将はたくさんいますが、「多くの人に愛された武将」は、それほど多くいるわけではありません。したがって、そこには何らかの徳が存在するのだと思います。

「その徳は、孔子《こうし》的な意味での徳なのか。あるいは、それとは違うものなのか」ということについて、よくは分かりませんが、今日は、（質問者として）〝面白いおじさん〟が出てきているので、話をしていく過程で、何となく劉備の人格が出てくるだろうと思っています。

ただ、「（劉備の霊の人格として）あまり凛々《りり》しい男性には出てきてほしくない」という要望も、一部、〝裏側〟から聞こえてくる面もあるので、そのあたりについては、多少カムフラージュされる可能性も、ないわけではありません。

いずれにしても、当会では、劉備玄徳の名はよく出ているのに、彼の霊言は、まだ公開霊言としては出ていないと思うので、今日が〝初めて〟かと思います。

『三国志』の英雄《えいゆう》・劉備玄徳を招霊《しょうれい》する

大川隆法　前置きはそのくらいにして、さっそく入っていきたいと思います。

今日は、「徳のリーダーシップとは何か」ということに関して、経営者や政治家、あるいは組織のリーダーを目指す方たちにとって参考になることを聞き出してみたいと思います。

それでは、『三国志』の英雄《えいゆう》・劉備玄徳をお呼びしまして、その考えや性格、ものの見方等を明らかにすることができれば、幸いかと思っています。

『三国志』の蜀を立てました劉備玄徳よ。

劉備玄徳よ。

どうか、幸福の科学総合本部に降りたまいて、その本心を語りたまえ。

劉備玄徳よ。

劉備玄徳よ。

どうか、幸福の科学総合本部に降りたまいて、その本心を語りたまえ。

ありがとうございます。

（約五秒間の沈黙《ちんもく》）

劉備玄徳《りゅうびげんとく》（161 ～ 223）

前漢《ぜんかん》の景帝《けいてい》（第６代皇帝）の子・劉勝《りゅうしょう》の末裔《まつえい》とされる。幼くして父を亡くし、母と筵《むしろ》売《う》りをして生計を立てる。184 年に「黄巾《こうきん》の乱」が起きると、関羽《かんう》や張飛《ちょうひ》らと共に討伐軍に参加して功績を挙げるが、その後は、公孫瓚《こうそんさん》や陶謙《とうけん》、劉表《りゅうひょう》らを頼って各地を転々とする。207 年、荊州《けいしゅう》の地で諸葛亮孔明《しょかつりょうこうめい》を軍師に迎えると、劉備は攻勢に転じる。呉《ご》の孫権《そんけん》と同盟を結び、「赤壁《せきへき》の戦い」で曹操《そうそう》軍に大勝すると、荊州、益州《えきしゅう》、漢中《かんちゅう》を次々と手に入れる。行く先々で民衆の支持を集め、優秀な部下にも囲まれた劉備は、曹操、孫権に並び立ち、ついに「天下三分」を実現する。

しかし、219 年、義兄弟の関羽が呉の呂蒙《りょもう》と陸遜《りくそん》に討《う》ち取られる。221 年、蜀漢を建国して初代皇帝に即位した劉備は、孔明らの反対を押し切って、関羽の仇《あだ》討《う》ちのために挙兵。大軍を率いて呉に攻め込むが大敗し、逃れた先の白帝城《はくていじょう》で生涯を閉じた。

「漢王朝の再興」という夢半ばで倒れたが、乱世において「義」と「情」を貫いた仁徳の将として、後世も尊敬を集めている。

（上）蜀主劉備（閻立本《えんりっぽん》画、7 世紀、ボストン美術館蔵）

2　創業スタート期に大切なこと

「なんか、ちょっと〝遅《おそ》かった〟かなあ」

劉備玄徳　うーん（手を一回叩《たた》く）。

里村　おはようございます。劉備玄徳様でいらっしゃいますか。

劉備玄徳　うーん。なんか、ちょっと〝遅《おそ》かった〟かなあ。

里村　実は、初めて、こういう公開霊言《れいげん》のかたちでご降臨《こうりん》いただきました。本当に多くの方々から、「劉備様の霊言を賜《たまわ》りたい」というご希望があったのですが、諸事情で、今日ということになりました。

劉備玄徳　いつもいるのに（注。劉備玄徳は、北条政子《ほうじょうまさこ》や坂本龍馬《さかもとりょうま》に生まれ変わり、現在は大川紫央《しお》・幸福の科学総裁補佐《ほさ》として転生《てんしょう》している）、いつも呼んでくれない……（会場笑）。という意味で、徳がないのかなあ。

里村　（苦笑）いやいや、とんでもないことでございます。この間《かん》、ご自分のほうから飛び込《こ》んでこられる霊人《れいじん》とか、いろいろとございまして、今日という次第《しだい》になりました。

劉備玄徳　まあ、なるほど。うーん。

里村　それと申しますのも、先ほど大川隆法総裁からご説明いただきましたように、「先見力」から次いで「リーダー学」ということで、改めて、乱世のリーダー学、あるいは「創業学」というものが必要な時代になっています。

今日は、歴史的にも非常に愛されたリーダーとして、いまだにファンの多い劉備様から、ぜひともお話をお聞かせいただきたいと思います。どうぞ、よろしくお願いいたします。

劉備玄徳　何だか君とは、ちゃんと〝中国人〟と話してるような感じがして、なんかなあ……（会場笑）。

里村　（笑）いえいえ。

劉備玄徳　なんか、よく見る顔だなあ。

里村　いや、いえいえ、いえいえ……（笑）。まあ、よく見るような顔でございます。

「桃園《とうえん》の誓《ちか》い」は劉備・関羽《かんう》・張飛《ちょうひ》による「立志の誓い」

里村　それでは、まず初めに、劉備様の時代のお話をお伺《うかが》いしたいと思います。日本でも、いまだに『三国志』ファンが多うございます。そこで、お話を少しお聞かせいただきたいんですけれども。

劉備玄徳　うーん。

里村　三国志の物語には、いろいろな出発点がございますが、本格的な出発点として、劉備様が関羽《かんう》様と張飛《ちょうひ》様と義兄弟の契《ちぎ》りを結んだ、「桃園《とうえん》の誓《ちか》い」というものがございます。まず、こういった「桃園の誓い」というものが本当にあったのかどうかと……。

劉備玄徳　ハハッ、ハッハッハッハッハ（笑）（会場笑）。

里村　実は今、「なかった」と言う人もいますので。私は、「あった」と信じているのですけれども。

劉備玄徳　（手を叩きながら）アハハ（笑）。

里村　なぜ、あの段階で、関羽様と張飛様と、そのような義兄弟の契りを結ばれたのでしょうか。まだ、お立場も何もない時代、無名の時代だったと思います。まず、そのあたりからお話をお伺いしたいと思います。

劉備玄徳　もう、ここで「なかった」と言ったら、最初から嘘《うそ》つきになるじゃないか。

里村　いやいや、そんなことは……（苦笑）。

劉備玄徳　いやあ、君、〝難しいこと〟を訊《き》いてくるじゃないか。

里村　いえいえ。ぜひ、「ありましたよ」というお言葉を頂きたくて（笑）（会場笑）。

劉備玄徳　まあ、あってもなくても、〝歴史的にはあった〟んだよ。歴史的事実としてはあったことにしないと、面白《おもしろ》くないんだ。ね？

だから、それくらい、あってもなくても、「あった」と思えるほど、真実性が感じられるほど、「強い結びつきがあった」ということだなあ。

義兄弟の契りを結んだ「桃園の誓い」

劉備《りゅうび》が黄巾《こうきん》の乱を平定するための義勇兵を募っていたとき、張飛《ちょうひ》がこれに参画。その後、２人は立ち寄った酒場で関羽《かんう》と出会って意気投合する。挙兵に当たり、３人は張飛の屋敷の裏にある桃園で義兄弟（長兄・劉備、次兄・関羽、弟・張飛）となる誓いを結び、生死を共にすることを宣言した。

桃園の三兄弟（作者不明、19 世紀）

まあ、そういう意味では、「運命的な出会いだった」というか、うーん……。

いやあ、あんたがたは、中国人を信じられんだろうけどさあ。嘘ばっかりついて、全然信じられんと思うが。

でも、「桃園の誓い」があったとすればね、最初に出会ったときに誓った三人が国を立てて、まあ、「死ぬときは一緒《いっしょ》だ」という誓いを立ててやる。これを何十年かやっても守られるっていうんだったら、中国人でも信用できるじゃないですか。なあ?

まあ、こうありたいものだけど。なかなか、実際はそうはいかんけど。同じ日に死んだわけではないが、確かに、死んだ時期が近かったことは事実だな。年も似ていてというか、わしがいちばん上ではあっ

「桃園の誓い」を記念して建てられた三義宮《さんぎきゅう》（河北《かほく》省涿州《たくしゅう》市）。隋《ずい》代に創建され、修復が続けられてきた。

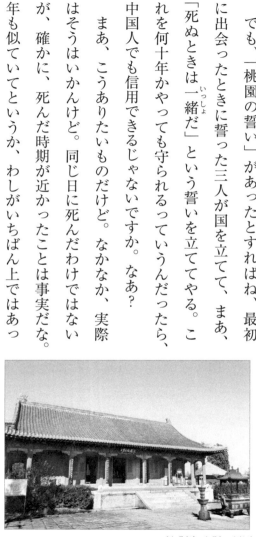

たけれども。まあ、年を取れば人は死ぬからな。そういうこともあるけれども(笑)。

今、企業《きぎょう》を創業して同時に一緒に始めても、「桃園の誓い」みたいに、契りを結んで最後までやることは、なかなかできないものですしねえ。

里村　はい、そうでございます。

劉備玄徳　実際に能力に差もあるしね、難しいことですよ。だから、契約《けいやく》をしても、なかなかいかないよねえ。

それこそ、「桃園の誓い」どころか、まあ、結婚《けっこん》でも、三年もなかなか〝契約〟がもたないのも事実だわなあ。だから、ましてや他人《たにん》とのパートナーシップなんていうのは、そんなにもつものじゃないわな。

そういう意味で、中国でそうした誓いを立てて義理を守るということがあったということは、「一つの美徳」ではあるわなあ。まあ、映画で描《えが》かれているような、桃《もも》の花の下で酒宴《しゅえん》を開いて見事にやったかどうかは別として、お互《たが》いに何か「立志の誓い」みたいなものを立てたということは、あったというふうに考えていいと思うな。

「志《こころざし》の大切さ」を教えてくれた劉備の母

里村　そのときに、現代で言えば、無名で資本もない、あるいは、そういう設備もない人たちが集まって志《こころざし》を立てられたということですけれども、劉備様は、なぜ、あの時代において、そのように立つということを考えられたのでしょうか。

劉備玄徳　だから、これもなかなか信じてはもらえんことだけれども、前漢《ぜんかん》……、

「漢の血筋《ちすじ》を引いている」と称《しょう》しているわけだが、まあ、疑う者は後《あと》を絶たないので、あれだけれども。

いちおう、今のように遺伝子で調べるような時代ではないから分からないけれども、そういう話を母から聞いて育ったことは事実であるので、そうした自覚が、やっぱり、何と言うか……。

やってる仕事は、今にたとえれば、どのくらいのあたりに当たるかね。新聞配達少年ぐらいに当たるかね。

まあ、そうした〝物売り〟ですよな。どこにでもあるような物売りレベルですが。まあ、果物《くだもの》を売っていてもいいし、これは東南アジアとかに行けば、いくらでもあるわな、今でも。そういうふうな物売り少年ぐらいのあたりであったけれども、そのなかに、「凜《りん》とした志」があった。

それは、やはり、母親の教育で、「今は家が落ちぶれて、お父さんも亡《な》くなって、収入がなくなって、貧しい暮らしをしておるけれども、おまえの血筋には高貴なものが流れておるのだ。だから、いつの日か必ず、天下に対して号令を発するような偉大《いだい》な人物になれ」っていうようなことを、幼いころから聞かされていた。「たとえ自分が筵売《むしろう》りをしておっても、志の大切さとか、そういうものを忘れたら駄目《だめ》だ」ということを言われていた。

まあ、こういうきっかけがないと、なかなかそういうふうにはならないですわね。単なる商人が出世するというふうにはならないと思うので。

これは、歴史的に嘘か本当かは調査できないけれども、母親からはそのように聞かされていた。

だから、亡くなった父親からも、たぶん、そういうふうに言い伝えは聞いていたんだろうと。「今は没落《ぼつらく》はしているけれども、血筋はちゃんと引いた者なのだ」ということは、言っていたんであろうと思うけどね。まあ、そういう噂《うわさ》は村にはあった。

無名の者が名を成すには

劉備玄徳　まあ、同志になった張飛なんかは、肉屋の親父《おやじ》みたいな者で。肉切り包丁《ぼうちょう》で豚《ぶた》を切る代わりに人を斬《き》るようになったような者で、怪力《かいりき》ではあったかなあ。

あと、関羽は腕《うで》も立ったが、実際は「塾《じゅく》の先生」だわな。塾で子供に教えてたような人だけど、学は多少はあったわな。だから、孔明《こうめい》が出るまでの間、関羽が参謀《さんぼう》の部分になった面はあるかと思うんだな。

ただ、最初は、ほとんど義軍、義勇軍みたいなもの

劉備玄徳《りゅうびげんとく》を人物と見て支援した大商人

劉備と関羽《かんう》、張飛《ちょうひ》の３人は貧しかったため、黄巾《こうきん》の乱を平定する義勇軍に参加するにも資金がなかった。その時期、中山国《ちゅうざんこく》の大商人である張世平《ちょうせいへい》と蘇双《そそう》が涿郡を通りかかり、劉備たちと出会う。「世を平和にしたい」という劉備の志に感銘《かんめい》を受け、彼を傑物《けつぶつ》と見た２人は、馬 50 頭に金銀、鋼という多大な援助を申し出る。これによって劉備たちは軍備を整え、黄巾の乱の平定で武勲《ぶくん》を挙げることになった。

で、とにかく何か戦果を挙《あ》げて目立って、仲間を集めようとするという感じに近かったので、今のイラク……、うーん、何だっけ？ 「イスラム国」か何かを見てると、何かちょっと、ゾクゾクッとしてくるものはあるねえ。

里村 （笑）

劉備玄徳 何か戦果を挙げて、全世界からちょっと仲間を集めようとしているような部分を見ると、ちょっとゾクゾクッとくるものがあるので。あんまり一緒にしてもいけないんだとは思うけれども。

まあ、とりあえず、無名の者が名を成すには、何か戦果を挙げねばならず、「小さな者が、強い者とか先行している者に勝つ」ことによって、人目を引いて、「参加したい」っていう気持ちを起こさせるっていうことは大事だわな。

だから、「小さな成功」は、ある程度、必要なんじゃないかねえ。

里村　なるほど。

歴史に影響《えいきょう》を与《あた》えた関羽《かんう》の〝武士道精神〟

劉備玄徳「三人が最後まで結束を保てた」というのは珍《めずら》しいことだ。

確かに、関羽《かんう》に関しては、「曹操《そうそう》のもとで囚《とら》われの身になって、賓客扱《ひんきゃくあつか》いされていたにもかかわらず、（劉備を）裏切らなかった」っていうあたりも、あの時代の中国人としては、ちょっと稀《まれ》に見る……、うーん、何だろうねえ。日本で言えば、「武士道精

199年、徐州《じょしゅう》を治めていた劉備《りゅうび》は、曹操《そうそう》軍に攻められ敗走。その際、関羽《かんう》と劉備の妻子が捕虜となる。関羽を配下に引き入れたかった曹操は、「春秋楼《しゅんじゅうろう》」という邸宅《ていたく》を与えるなどして関羽を厚遇《こうぐう》した。写真は春秋楼の復元（河南《かなん》省許昌《きょしょう》市）。

のよ神」のようなものかなあ。あるいは、ヨーロッパで言えば、「騎士道《きしどう》精神」のような、何かそうした筋の通ったものを、一本、感じさせるわね。

まあ、こういう精神的なものが、やっぱり、歴史には影響《えいきょう》しているものがあるんじゃないかね。このへんから、「師弟《してい》の道」とか、「君主《くんしゅ》と家臣《かしん》の道」みたいなものが、できてきたかもしれないね。

3 「人を集め、生かせる」人の人格と能力とは

有能な人材を集めるきっかけとなった「天下万民《ばんみん》の救済」という気持ち

里村　今、お話になったところが、今日の霊言《れいげん》を賜《たまわ》るポイントの一つなんですけれども、関羽《かんう》様、張飛《ちょうひ》様、あるいは諸葛孔明《しょかつこうめい》様など、とにかく、曹操《そうそう》様が後《のち》にうらやむほど、英雄豪傑《えいゆうごうけつ》、あるいは才能のある士が劉備様のもとに集まられました。今おっしゃいました関羽様も、死ぬまで本当に節を曲げなかったわけです。

もちろん、関羽様の努力もありますけれども、そのように慕《した》わせたところもあると思います。劉備様のもとに「才能のある部下」が集まってくるのは、いったいなぜだとお考えになりますでしょうか。

劉備玄徳　いやあ、けっこう〝後発〟なんですよ。出てきたのは、わりにね、そんな早くはないので。

まあ、そうした貧困っていうか、「貧」を知ってたわなあ。貧を知ってたし、「陽《ひ》の当たらない時代」を知っていたし。まあ、その間《かん》に、何て言うか、「人間社会の裏も表も知り尽《つ》くしていた」という意味だわな。ある意味で、「人間通《つう》であった」ということは言えるのかなあと思うんだな。

まあ、情にも感ずるところはあったし、人の情に通じる気持ちも十分にあったけれども、その情は、やっぱり、「愛」に通じるもので。多くの人たちの苦しみを見るにつけても、愛の心は当然起きてくるからねえ。その愛の心は「慈愛《じあい》の心」となって、「天下万民《ばんみん》の救済」というようなことを思うようになったわなあ。だから、志《こころざし》のなかに、「天下万民の救済」という気持ちがあったわけで、まあ、口幅《くちはば》ったいけれども、「ミニ救世主」のような気持ちは持っていたんだと思うんだよ。それが求心力になって、ほかの有能な人材を集めるきっかけになったんでないかなあと思う。私よりも腕《うで》の立つ、武力の立つ人や知力の上の人、そういうような人が助けてくれたんではないかと思うねえ。

「志《こころざし》」を持ち続けるところに品格が現れる

斎藤　初期の段階で、そうした「貧困」や「苦しみ」、「まだ陽の当たらない時代」のご苦労というものが、人を導く力になりえたということでしょうか。

劉備玄徳　うーん。まあ、もちろん、そういうなかに育つと、人間が卑《いや》しくなる場合もあるからね。他人《ひと》に対して卑屈《ひくつ》になったり、略奪《りゃくだつ》や暴行や盗《ぬす》み、いろんな犯罪のほうに走っていくのが数的には多いと思うね。

斎藤　そうですね。

劉備玄徳　たぶん、そうだろう。堕落《だらく》していくのが多いけど、そのなかで踏《ふ》みとどまって、志《こころざし》を持って、そうしたマイナスのことを踏み台にしながらねえ、やっぱり……。

わが身は筵売《むしろう》りレベルの、大したことはない仕事をしていて。まあ、孝行息子《むすこ》という評判ぐらいは立ちましたけどもね、母親に対する孝行息子という評判ぐらいは立っていたけども、その程度の人物でも、志として、やはり……。

まあ、国が乱れてきていましたからね。黄巾《こうきん》の乱以降、国が乱れてきて。はっきり言えば、中国も革命思想のある国でございますので、「天下が乱れてきたら、革命が起きる」っていう。まあ、中国の言葉ではそうは言わないんだけど、ある意味で、「救世主が生まれる」ということではあるわけね。救世主が出てくる。

天下が乱れるときは、天は必ず、人々を導く人を送ってくるものだと。で、「われこそは」といろんな人が名乗りを上げて、覇《は》を競《きそ》っているうちに、だんだんに選ばれていくということだね。〝競争させられる救世主〟だから、厳しいことは厳しいんだけれども。

そういう意味で、世の中の乱れを治めて統一して、平和な繁栄《はんえい》のある国をつくりたいと。身のほど知らずで、そういうふうな志を持っていたと。それを、十年、二十年と持ち続けていたというようなところが、身分は賤《いや》しいながらも、どことなく「品格」として現れていたんではないかと思うがねえ。

他の人の長所を見いだして育てる力

里村　今、たいへん大切なご指摘《してき》を頂いたと思います。乱世においては、中国の歴史や日本の歴史も含《ふく》めて、「自分の名を上げる」というところを第一位に上げてきて、滅《ほろ》びる人が多いわけです。

そういうなかで、劉備様は「民《たみ》の苦しみというものを見捨てることができなかった」、やはり、ここが原動力であったという違《ちが》いでしょうか。

劉備玄徳　間違いなく、それが第一位でしたね。

要するに、個人としての力はすごく小さい範囲《はんい》しか及《およ》ばない、身内と知り合いぐらいにしか及ばないけれども、「志においては、やはり、天下を覆《おお》うようなものは持っていた」ということ。まあ、それは、往々《おうおう》にして大言壮語《たいげんそうご》になるわけでありますけれども。

もう一つはですね、そういう志を持ちながら、やっぱり、「他の人の長所をよく見いだして育てるような力」があったかなというふうには思う。

自分自身の能力は限られているものだし、修行《しゅぎょう》によって磨《みが》けるものも、そう多くはないものではあったけれども、「天下には人材がたくさんいる。その天下の人材をうまく登用して、これ合わせたら、大きなものがつくれるのではないか」という、大工《だいく》のような気持ちはあったわね。

だから、「逸材《いつざい》を集めて組み立てれば、大きなものができるのではないか」っていう気持ちはあったので、「人を登用する目」はあったんじゃないかと思うなあ。

自分よりも有能な部下を使うコツ

里村　私どもも、幸福の科学でリーダー学などを学んだりするなかでは、創業する方というのは主として〝スーパーワンマン〟と言えなくもないようなタイプで、あらゆる技術や能力において、自分の部下や社員よりも優《すぐ》れていて、会社をある程度大きくするというパターンが多かったわけです。

ところが、劉備様は、そういうものとは少し違って、関羽がいて張飛がいて、それから、どんどんどんどん英雄豪傑が集まってきました。さらに、諸葛孔明のような、智謀《ちぼう》においての才能も集まってきています。

普通《ふつう》は、創業者がこういう人たちをなかなか使いこなせないことも多いわけです。そのなかで、はっきり言って、ある面においては自分よりも有能だというような部下を使うコツはあるのでしょうか。

劉備玄徳　まあ、それが、「漢《かん》の再興」という大義名分《たいぎめいぶん》、旗印《はたじるし》のところ、錦《にしき》の御《み》旗《はた》に当たる部分かとは思うけどね。

漢の再興であれば、誰《だれ》を立てられるかということですけど、やっぱり、「血筋《ちすじ》を引く者」ということは代われないところがあるからね、能力があってもね。

これは、日本の皇室なんかも同じでしょう。だから、百二十五代かなんか続いてても……。それは、能力で言えば、どの時代もですね、天皇よりも能力のあった方はいっぱいいたかもしれないけれども、血筋を引いていなければ、天皇にはなれないですよね。そういうことはあった。

その意味で、いわゆる、「血統カリスマ」といわれる分類に入るんだろうけどね。

まあ、この部分は、一部、旗印として使わせていただいたところはあります。

諸葛亮孔明《しょかつりょうこうめい》を参謀に招いた劉備《りゅうび》は、荊州《けいしゅう》、益州《えきしゅう》を平定し、219年には定軍山《ていぐんざん》の戦いで曹操《そうそう》軍に勝利。漢中《かんちゅう》を支配下に収めて「漢中王」と自ら称《しょう》するようになる。さらに、221年には蜀漢を建国して初代皇帝となった。上は三義宮《さんぎきゅう》の劉備像（河北省《かほくしょう》涿州《たくしゅう》市）。

人を競争させつつ協調させる環境《かんきょう》をつくり出す「器《うつわ》」と「徳」

釈　「漢帝国《ていこく》の再興」という旗印を掲《かか》げられているところなんですけれども、それは、例えば、ご家庭におけるお母様からの言葉だけでなく、仏神《ぶっしん》の意図《いと》といいますか、「天意」を感じていたところもあるのでしょうか。

劉備玄徳　うーん……。まあ、母も偉《えら》かったことは偉かったですけどもねえ。やっぱり、男の子を育てるのには、母親の力は大きいね。だから、母がこの方向性を与《あた》えないと。「物事の大小」っていうかね、よいことにも「大なるもの」と「小なるもの」があるということを。

まあ、親孝行であることは評判にはなっていたんだけれども、「母に対する孝行よりも、もっと大事なことがある」ということを教えられるような人であったわけね。そういう意味では、自分の身を捨てて……。要するに、「母親の面倒《めんどう》を見ないで、大きな事業をつくっていくために出て行く息子」ということになりますからね。

まあ、普通であれば、「身近で暮らして、楽しく一生を送れたらいい」って思うのが、平凡《へいぼん》な母親じゃないですか。そのなかで、「それであっては、使命を果たせないんだ」ということを、はっきりと言うような方であったのでね。

やっぱり、たいていの場合、少年にして大志を抱《いだ》く人の場合、母の影響《えいきょう》はそうとう大きいというふうに思います。

で、それで精進《しょうじん》している姿を、実はいろんな人が見てるんですよね。自分が分からないだけで、いろんな人がいろんなところで見ているというところがあるんですよ。

だから、思わぬところから「天の時」を得て、人が集まってくる、現れてくる。

必要なときに必要な人が現れてくるんだね。

で、それを、「今、必要な人が現れた」と思って、見事に使いこなせるかどうかってところが難しいところだわね。

（里村に）あなたのおっしゃるとおり、会社が大きくなると、創業者の自分より偉い人が、あとからあとから入ってくる。だから、使えないわね。

日本であれば、松下幸之助《まつしたこうのすけ》さんなんかは有名な方であろうけれども、ちっちゃく始めて、家族で始めて、まあ、小学校も出ていないレベルから始めて、だんだん大会社になると、大卒や大学院卒、留学したような人まで入ってくる会社になったんだろうから、それは、使うのは大変だったと思う。

でも、彼は、「おまえたちより、俺《おれ》のほうが偉いんだぞ」と言い続けたわけではないと思うんだよね。

謙虚《けんきょ》さは失わなくて、「人のよさを開花させる」ということを一生懸命《いっしょうけんめい》やっているうちに、まあ、そちらのほうの能力が高い人は、それをもって先人であるところの「徳」みたいなものをたぶん感じて、いっそう働こうとしたということだと思うんだな。

年功序列というのが当たり前のように思ってる方も多いだろうけど、まあ、それは能力の判定が何もつかない時代のことで、能力がはっきり出てくるときには、なかなか通じないわね。

武力だけの時代でも、若い人のほうが実際は強いわね。実際は十代、二十代のほうが武力は上だし、スポーツをやらせても、そのとおりだよね。だから、スポーツと武力は似たようなところがある。で、将軍みたいなのになるのが早くないと、なかなかなれないところもありますがね。

ただ、人間としての「器《うつわ》」「器量」というものは、まだまだ発展の余地はある。こういう、できる人同士、強い者同士みたいなものは、お互《たが》いに競争をしますし、競争もさせなければいけないんだけれども、「競争させつつ協調させる」ところをつくり出すところが「徳」なんだね。競争させつつ協調させて、融和《ゆうわ》させていかなきゃいけない。これができる器が大事なところだ。器が小さいと、そのなかから必ず〝はみ出して〟いくので、戦いが起きて分裂《ぶんれつ》するようになってくるわね。

今も昔も変わらない、人材登用における「人情」

斎藤　当時、「五虎将軍《ごこしょうぐん》」ということで、劉備様が抜擢《ばってき》なされた将軍のメンバーには、先ほど挙がった関羽や張飛に加え、趙雲《ちょううん》、黄忠《こうちゅう》、馬超《ばちょう》などが有名なところではいらっしゃいますし、軍師として諸葛亮《りょう》孔明などもいました。

そうした方々も、素朴《そぼく》に言うと、「〝キャラ〟が立っている」といいますか、個性が強い方々だと言えます。まあ、我《が》が強いとまでは言いませんけれども、アク

劉備玄徳《りゅうびげんとく》を支えた五虎《ごこ》将軍

219年、漢中王《かんちゅうおう》となった劉備は、諸葛亮孔明《しょかつりょうこうめい》の勧めによって、信頼と功績のある5人の武将に五虎将軍の称号《しょうごう》を与えた。挙兵当初から劉備と寝食を共にした関羽《かんう》と張飛《ちょうひ》をはじめ、それぞれが蜀《しょく》の軍事において中心的な役割を果たしており、正史『三国志』では、5人の伝が『蜀書第6巻 関張馬黄趙伝』として1巻に収録されている。

関羽《かんう》像（山西《さんせい》省大同《だいどう》市、関帝廟《かんていびょう》）

張飛《ちょうひ》像（湖北《こほく》省宜昌《ぎしょう》市三游洞《さんゆうどう》）

趙雲《ちょううん》像
（河北《かほく》省正定《せいてい》県、趙雲廟）

馬超《ばちょう》像
（四川《しせん》省成都《せいと》市、武侯祠《ぶこうし》）

黄忠《こうちゅう》像
（四川《しせん》省成都《せいと》市、武侯祠《ぶこうし》）

が強く、非常に念も強く、意見や押《お》し出しが強い方々です。

そうしたメンバーが、武勲《ぶくん》を挙げ、相集《あいつど》いながら激突《げきとつ》していくようなとき、意見の相克《そうこく》、食い違いによって不調和が生まれたり、離反《りはん》するまでは行かないものの、何かそうしたトラブルが生じたりするところがあったことは想像されます。

そのときに、劉備様は、どのような裁定をなされていたのか、また、今おっしゃったような、「調和させながら、発展させていく」ためのポイントはいったい何だったのでしょうか。

劉備玄徳　まあ、今の時代でも、人情はまったく変わらんから、同じは同じでね。そりゃ、先にいた者は威張《いば》るし、あとから来た者は、優秀《ゆうしゅう》であっても、なかなか頭を抑《おさ》えられている感じで、あれだし、意地悪《いじわる》されることもあるしな。それで、あとから来た者をかわいがると、先にいた者が〝すねて暴《あば》れる〟っていうパターンも、いつも、あるわね。

だから、関羽や張飛だって、そりゃあ、私の二十歳《さい》も年下だった諸葛亮孔明を軍師としてかわいがり始めたら、やっぱり、それは、男同士であっても嫉妬《しっと》の気持ちはあるからね。簡単に言やあ、「口をきかない」みたいなときだって、あったことはあったけど。

まあ、それは、孔明にも能力を試《ため》すチャンスを与えてみなきゃ、納得《なっとく》してくれないところがあるから。物語に書いてあるように、彼の奇策《きさく》を幾《いく》つか用いて勝つところを見て、自分たちにはそういう能力がないということを認めて、こうした先輩《せんぱい》

劉備《りゅうび》から三顧《さんこ》の礼を受け、「天下三分《さんぶん》の計」を説く諸葛亮孔明《しょかつりょうこうめい》の像（湖北《こほく》省襄陽《じょうよう》市、三顧堂《さんこどう》）。

格の人たちが帰順するというか、〝帰依《きえ》〟することによって、あとから来る荒《あら》くれ者たちも、それに従うようになってきたっていうところはある。

やっぱり、人材として試されるときはあるわな。選んで、それで失敗したときには、責任は出るしね。だから、人材の登用の失敗は、やっぱりある。

異質な人たちを組み合わせることで有機的に力を発揮させる

劉備玄徳　人間は、自分に似たような人を引きたがる気《け》があるわけよね。武人は武人を、剣《けん》が強い者は、剣が強い者をね。馬に乗るのがうまい人は、そのような人を。弓の強い人は、弓の強い人を。槍《やり》が強い人は、槍の強い人。大酒《おおざけ》飲みは、酒飲みが好き。だいたい、そうなっているからね。うーん、腕力《わんりょく》の強い者は、やっぱり、それを誇《ほこ》りに思うし。勉強が好きな人は、書物を読んで暮らす仲間と会話をするのが好きだわね。だから、違うタイプの人を認めがたいところは、どうしてもある。

まあ、今で言えば、経営ということになるが、経営ということになれば、やっぱり、〝異質な人たち〟の組み合わせによって、有機的に力を発揮せねばならないので、その違いを違いとして認めた上で、「どう配剤《はいざい》して組み合わせて、成果をあげていくか」っていうことは考えねばならんことだね。

孔明は刀一つ持っていませんからねえ。あなたたちもご存じのように、もう、車に乗って、歩きもしない（笑）。馬にも乗らない。あとは、あの……。

里村　白羽扇《びゃくうせん》。

劉備玄徳　扇《おうぎ》でね、扇《あお》いでいるような。こんなんじゃ、刀で斬《き》りかかられたら、一瞬《いっしゅん》で斬られてしまうような状況《じょうきょう》ですけれども、そういう状況に自分を置かないだけの智慧《ちえ》があった。千里《せんり》の彼方《かなた》に勝敗を決する智慧がありましたからね。

だから、「そういう能力が必要なんだ」ということを、周りの人に納得させる必要があるわけね。「実際に戦ったら、強いぞ」って言っても、一人で戦って勝てる相手っていうのは数があるわね。項羽《こうう》みたいな人だったら、千人相手でも斬り込《こ》んでいくかもしれないけれども、それでも、やっぱり、一国を治めるには、個人の武力では足りないわね。

里村　はい。

劉備玄徳　武力の強さだけでは、最後は足りないところがあるので、「兵法」も必要になるし、「軍律」も必要になる。

そうした「知略の部分」と、それから、「秩序《ちつじょ》・統制の部分」とを上手に使いこなせる者がいないと、組織として〝自動的に大きくなるシステム〟をつくり上げることが難しいんだ、とてもな。

里村　ええ。

劉備玄徳　お互いに競争ばっかりしているうちは、それがいかないね。

4　孔明《こうめい》と劉備、その才と徳はどう作用したか

組織をまとめる際の絶対条件は「大義名分《たいぎめいぶん》」

里村　劉備様が「三顧《さんこ》の礼」で孔明《こうめい》様を迎《むか》えられたときになさったことは、現代社会で言うと、まさに、トップマネジメント（最高経営者）が、リクルーティング（人材募集《ぼしゅう》）に直接出かけて、社内の「弱点」と思える部分に引っ張ってくることに当たると思います。

このような場合、以前からいた社内の特に有力な部下や、あるいは、上のほうの立場にいる人であればあるほど、当然、嫉妬心《しっとしん》だとか、「若造《わかぞう》が！」などという気持ちが出てくると思います。

実際、劉備様と孔明様は年齢《ねんれい》もかなり違《ちが》っていたわけですけれども、そういうものをうまく調和させていくには、やはり、一つには、今おっしゃいましたように、「成果をあげさせていくこと」と、それから、「トップが協調や秩序《ちつじょ》というものを常に説く必要性がある」ということでしょうか。

劉備玄徳　やっぱり、最初に言ったようにね、大義名分《たいぎめいぶん》のところ？　何のための戦いなのか。また、企業《きぎょう》で言えば、何のために事業を大きくしなきゃいけないのかという、この大義名分のところが立っていなければ、いくら言っても無理はありますよ。

例えば、金銭的に潤《うるお》うというだけで、企業の目的が「利益をあげよ」のみというのは無理があって。やっぱり、会社で言えば、「わが社の仕事が、いったい世の中にどれだけ貢献《こうけん》できるのか」ということを、トップが本気で信じているかどうか。この信念についてくるところはあるので、やっぱり、この大義の部分は、絶対条件としてあるわなあ。

組織マネジメント的な意味での「徳」とは何か

劉備玄徳　あとは、もちろん、人によって能力にデコボコがあって、特色のある人を使うときに、本当に難しいのは難しいんだけど、まあ、アメとムチじゃないけれども、叱《しか》るべきときに叱り、ほめるべきときにほめる。その技《わざ》を持っていないと駄目《だめ》だね。

だから、基本的には、長所を育てることは大事。これは基本的にはそうなんですが、ただ、長所だけを育てると、お互《たが》いに自己肯定《こうてい》の思想で成長していきますので、それぞれ考えが違って成長してくると、これが〝ぶつかり合う〟からねえ。ここで、また火花が散る。

それは、張飛《ちょうひ》みたいな人から見りゃあ、諸葛亮孔明《しょかつりょうこうめい》みたいな、ナヨッとした女やら男やら分からんようなやつと、劉備が楽しそうに話をしてるなんていうのも、腹が立って腹が立って、しょうがないようなところはあったと思うんだよ。「俺《おれ》様《さま》の武力に比べて、あんなものは何の役にも立たん」みたいなところはあっただろうとは思うんだけど、学者仲間みたいな、そういう戦略家、あるいは兵法家仲間から見りゃあ、知力の差が歴然としているところは、当然あったからねえ。「あちらのほうが上だ」っていうのは、お互い分かるので。うーん、こういうところだなあ。

まあ、現代で言えば、評論家とか、そういう人たちがそれに当たるのかもしらんけれども、やっぱり、「その人の言うことは正しくて、それについていけば、だいたいそのようになってくる」っていうふうになると、みんながだんだん集まってき始めるところはあるけどね。

そういうふうに、実績が出てこなければいけないよねえ。その間《かん》、〝なかに入って〟というか、同志としてまとめ上げていく力が、一種の「徳」なんだよね。

孔子《こうし》が言う「徳」では、こういうことは説いていないからね。彼は、「智《ち》・仁《じん》・勇《ゆう》」は言ってるけれども、こういう組織マネジメント的な意味での「徳」というのは、あんまり気づいていないように、私には見えるわなあ。

うーん。

自分に似たタイプの人を使って戦いに敗れた孔明《こうめい》

里村　そうしますと、個性ある能力を持った部下たちを束ねて、組織力をトータルで上げていく、そのポイントが、やはり、「徳」であると。

劉備玄徳　そう、そう、そう。

里村　その「徳」の正体は、ズバリ言うと、何の力になりますでしょうか。

劉備玄徳　まあ、頭のよさだけで言えば、それは、私よりも諸葛亮孔明《こうめい》なんかのほうがずっと上だろうけれども。後世の歴史を見れば分かるように、孔明は、自分に似た人を引いてきた。馬謖《ばしょく》みたいな軍師は頭がいい。秀才《しゅうさい》だよな？　いわゆる秀才を引いて、あっちも「水魚《すいぎょ》の交《まじ》わり」のようなことをやっていて、もう一番弟子《でし》だよな？　教えていたから、（馬謖を）後継者《こうけいしゃ》にしたいと思って任せたのに、策に溺《おぼ》れて、「街亭《がいてい》の戦い」で敗れたわな。

あの戦いは、すっごく大きな戦いだったよね。まさか間違いはしまいと思いつつも、孔明は、本当に念には念を押《お》して、街亭の陣《じん》の敷《し》き方を言って、そして、

●街亭の戦い　中国の三国時代における魏《ぎ》と蜀《しょく》の戦いの１つ。第一次北伐《ほくばつ》（魏への侵攻）の際、諸葛亮孔明《しょかつりょうこうめい》は馬謖《ばしょく》を将として２万の兵を与え、街亭の守備を固めさせた。しかし、馬謖が孔明の指示を守らなかったため蜀軍は惨敗。孔明は、惜しみながらも馬謖を軍律に照らして処刑した（泣いて馬謖を斬る）。

「陣を敷いたら、どのように敷いたかについての報告までしろ」と言って、使いの者まで出していたし、万一《まんいつ》の場合のことを考えて、副将もつけて用心をしていた。この街亭のところで敗れたら、あとはもう、〝ボロ負け〟の状態になるっていうことを知っていたからね。

ただ、やっぱり、兵法っていうのは難しいんですよ。矛盾《むじゅん》してるから。兵法っていうのは矛盾してるんです。

あなたがたが学んでる宗教でも教えはあるけど、人によって、当たることは違うでしょ？ ある人に当たっても、別の人には当たらないことがあるでしょう？ そういうふうに矛盾しているので、何を取り上げるかによって違ってくるようになる。

兵法も同じで、どっちを使うか。

「水を背にして戦うというのは死地《しち》だ」っていうのが兵法にあるわね。川を背にして戦ったら、みんな溺れて死んじゃうからって。だけど、韓信《かんしん》は、これを逆に使って、川を背にして戦って勝ってる。要するに、「もう撤退《てったい》はできない」ということで、全員突撃《とつげき》で行ったら、勝ってるものもあるわけだ。

それから、かまどを全部壊《こわ》して、「勝つ以外、道はない。そうしないと生き残れない」っていうことで戦うようなことだってあるわなあ。

そういうふうに、兵法も縦横無尽《じゅうおうむじん》に使わなければいけないし、それで、相手の知力を読まなきゃいけないので。相手の考えていること、それから、兵力差等を考えた上で、兵法は使いこなさなきゃいけない。ここが、とても難しいところだ

韓信（前3世紀～同196）　陳勝《ちんしょう》・呉広《ごこう》の乱のころに項羽《こうう》軍に仕えたが、重用されずに出奔《しゅっぽん》。劉邦《りゅうほう》軍に入ってからは蕭何《しょうか》に見いだされ、大将軍となる。以後、無敵の強さを発揮し、国士無双《こくしむそう》と称えられた。蕭何（宰相）や張良《ちょうりょう》（軍師）と共に「漢の三傑《さんけつ》」とされる。「韓信の股《また》くぐり」や「背水の陣《じん》」の逸話《いつわ》でも知られる。

けど。

その馬謖にしても、秀才ではあった。兵法の使い方で、高い所にいる者は、下にいる者よりも非常に有利だということもあってね。それで、街亭っていうのがちょっとした高台になっていたので、この高台の所に陣を敷けば、下から来る者も遠くから見えるから、ダーッと駆《か》け下りたら一気に蹴散《けち》らせると考えた。街道《かいどう》が狭《せま》いから、勢いをつけてやったら一気に破れるというふうに、魏《ぎ》の軍を見ていたんだと思う。

孔明は、そうじゃなくて「街道に陣を敷け」と言っていたはずなのに、馬謖は、「兵法家として、これは上に陣を敷くべきだ。見晴らしもいいし、勝てるから」と考えた。問題は〝水〟だったね。丘《おか》の上から下の谷まで行って、水を汲《く》まなきゃいけないということで。

孔明は、送られてきた布陣《ふじん》を見ただけで、「馬謖敗れたり!」っていうことがすぐ分かったけど、相手の魏のほうも、その布陣を見て、「若造が、まだ生兵法《なまびょうほう》をやっとるな。分かっとらんな」という感じだった。

（魏の軍を）一気に蹴散らせると思ったのに、一夜にして、砦《とりで》の周りを囲まれてしまったら、どうなるか。もう、水を汲みにいくのが〝決死の作戦〟になる。結局、水を断《た》ったら、人は生きていけませんからねえ。たちまち日干《ひぼ》しになって、ボロボロになって、逃《に》げていきますね。

そういう意味で、本当は後継者にすべきだった人を、みんなの前で、軍律に照らして、「泣いて馬謖を斬《き》る」っていう故事が遺《のこ》ってるけど。やっぱり、（馬謖を）斬らないで、何万もの人を死なせた罪を許すわけにはいかないわねえ。

馬謖《ばしょく》を処刑して涙を流す諸葛亮孔《しょかつりょうこう》明《めい》（イラスト：CPC 提供）。

理論的なタイプの人が陥《おちい》りがちな失敗

劉備玄徳　このように、孔明も、現代にも遺るような故事を遺しているけど、孔明ほどの人であっても、やっぱり、自分の同類項《こう》の人間を愛する傾向《けいこう》があったわけですね。

（街亭の戦いには）実際に戦いをいっぱいやってきて、実戦をやってきた人が副将についていたわけですが、その人が、「これは危ない。孔明の指示と違う」ということで、何度も何度も言ったけど、（馬謖は）きかない。

これは、今で言うと、東大なんかを出て、高学歴で鼻の高い人たちが、言うことをきかないことが多いのは、だいたい、こんなところだよね？〝自分は賢《かし》い〟と思ってるから、例えば、三十年やってる社長とかがいても、「社長も年を取ったから、もう古くなったなあ」と思って、「今はコンピュータの時代ですよ。コンピュータで伝道しなきゃ、何で伝道しますか。コンピュータこそ〝最速伝道〟であって、コンピュータ伝道をしたらいい」って言うんでね。

お寺もコンピュータを使ってねえ（笑）、人生相談なんかをやってるところはあるようですけど。まあ、いろいろあるようですけれども、お寺に人が来なくなるわね、そんなことをしてたら。実は、お寺は「古さ」が値打ちだからね。古さと、「仏像」とか、そういうものが〝値打ち〟で、その尊さを人に教え込《こ》まなきゃ、信仰心《しんこうしん》なんか湧《わ》いてこないからね。

それなのに、お寺がそういうことをやってるし、あるいは、お寺がカフェをやったりして、現代的にやってるつもりだろうけど、成功するか崩壊《ほうかい》するか、非常に〝危険な兵法〟をやってますね。

まあ、これと同じようなことで、経験がある人はいろんなことを知っているんだけども、それが分からず、「頭が悪いだけ」と思って、理論的にいちばん距離《きょり》の短い結論に達することのできる方法を考えるのが、頭のいい人の特徴《とくちょう》なんでね。

実戦があれば、いろいろ失敗して、だんだん分かってくるんだけど、失敗したことがないっていうような人は、本当に気をつけないと、これがいちばん〝怖《こわ》い人〟なんです。頭がよくて、失敗したことはないっていう人が、いちばん怖いわけなので。

馬謖も、南のほうの南蛮征伐《なんばんせいばつ》で、そうとう活躍《かつやく》したのでね。そういう実績があったから、信頼《しんらい》していたところもあったけど、やっぱり、南のほうの蛮族と魏の戦力とでは違いがあって。

国力が数倍ありましたので、兵站《へいたん》もあれば、それだけの武人もいたし、軍師もたくさんいたわけね。人材豊富だったわけですから、将棋《しょうぎ》と一緒《いっしょ》で、棋譜《きふ》を見て一瞬《いっしゅん》で見抜《みぬ》く人もいるように、その「陣の敷き方」を見て、相手の知力を読んでしまう人がいるわけです。老練な人にかかったら、それは、一気にやられてしまうところはあるね。

そういう意味で、孔明でもそういうところがあったけれども、私の場合は、そういうふうな理論的な頭だけではなかった。もうちょっと、そうした武人も含《ふく》めて、あるいはその他、食客《しょっかく》、女性や子供、それから、今で言う市民に当たる村人たちにまで目が届いていたからね。こういう気持ちがみんなに行き渡《わた》っていたので、その包み込むような気持ちがね、やっぱり、ちょっと違っていたところがあるわなあ。

一見優秀《ゆうしゅう》な人が成功を長続きさせられないことがある理由

里村　ということは、後《のち》に蜀《しょく》という国になりましたけれども、劉備様の軍には、もともと、自分の個性や能力とは違うものを認めたり、敬《うやま》ったりするような寛容《かんよう》な気持ちが、現代社会で言う企業カルチャー的にあって、それによって組織力を高めていったのでしょうか。

劉備玄徳　うーん。だから、これが、「民主主義が愛されている理由」でもあろうとは思うんだけど。

本当に優秀《ゆうしゅう》な人が率《ひき》いていって、成功することは多いんだけど、続かないことが往々《おうおう》にしてありますよね。

だから、今言った馬謖の例は、特殊《とくしゅ》な例のように思えるし、歴史的にも珍《めずら》しく、記憶《きおく》されていることではあるけれども、現代に例を取れば、もう、いくらでもあることなんですよ。

無学歴の親父《おやじ》が一代で会社を起こして大きくなった。会社が大きくなったから、いろんな人が採用できるようになる。大卒も採用できるようになる。金ができる。自分の子供にもいい教育がつけられて、家庭教師もつけて、塾《じゅく》にもやって、そして、エリート校から、東大だ、慶応《けいおう》だ、みたいなところへ行かせる。
そして、「やっぱり、修業を積んだほうがいいだろう」ということで、大企業なんかに勤めさせたあと、部長ぐらいで戻《もど》して会社を継《つ》がせて、後《あと》をやらせたりするけれども、往々にして潰《つぶ》すんだよね。

里村　はい。

劉備玄徳　経歴は、親父よりもずっといいはずなのに潰していく。
なぜ潰していくかっていうと、そこが大きくなってくるまでの間に流した汗《あせ》と、絞《しぼ》った智慧《ちえ》の部分が見えていなくて、「そんなものは、すでに過去のものになっていて、百年以上も先発してやっているような〝大企業の遺伝子〟のほうが進んでいるから、それを持ち込んだら、自分の会社も発展する」と思っているようなことがあるんだけど、それが会社のカルチャーと合わなくて、よく人材崩壊を起こすわけね。

親父の代でかわいがっていたような人材が次々と離反《りはん》していくし、自分と合うような人ばかり集めてき始めると、今度は会社が分裂《ぶんれつ》してくる。そして、〝新しい遺伝子〟にしようとするんだけど、残念ながら、そんな重い任に堪《た》えることができなくて、失敗する。

だから、普通《ふつう》は、大企業のほうが進んでいると思うんだけれども、実は、大企業であればあるほど、〝歯車の一つ〟になっていて、そこに籍《せき》を置いて修業を積んだからといって、会社の全体が見えるようにはなってないわね。

里村　ええ。

劉備玄徳　中小企業とかは全体が見えないと経営ができませんけれども、大企業の場合は、課長や部長といえども、全体が見えるところまで行っていないから、そういうところから来ても、「会社全部を見えない部分がある」んです。

ほかの部署で責任を持ってる人たちが、牽制《けんせい》し合って会社全体を見ていますから、それが全部揃《そろ》わないかぎり、できませんからね。

そういう意味で、息子《むすこ》がエリートでも、あとでよく失敗する。あるいは、少なくとも三代目、孫の代になると潰すっていうことが、繰《く》り返し起きていますね。

だから、これは、なんぼ言ってもできないんですよ。有利な立場を生かしたいからね。最短を選んで行きたくなるんだけど、失敗をするようになるのね。うーん。

5　組織に力を与《あた》える「絆《きずな》」「諫言《かんげん》」「涙《なみだ》」とは

「自分の分身《ぶんしん》」をつくろうとするよりも、「心の絆」をつくる

釈　そうしますと、組織を大きくする方法として、劉備様の分身《ぶんしん》のような人を次々とつくっていかなければならないと思うのですが、このあたりのコツといいますか、どのようにつくっていけばよいのでしょうか。

劉備玄徳　まあ、分身と言っても、素質が違《ちが》うから、分身にはならないですね。経営者は、よく「自分の分身をつくれ」「社長は分身をつくれ」と言うようではあるけれども、実際上、性格も違うし、能力にも差があるし、適性にも違いが

あるから、必ずしも分身にはならないとは思うよ。

分身にはならないけれども、やっぱり、「心の絆《きずな》」をつくらなければいけないんだと思うんですね。それは、宇宙遊泳《ゆうえい》するときの〝命綱《いのちづな》のロープ〟みたいなものだわねえ。この命綱みたいな「心の絆」でつながっていないと、やっぱり、駄《だ》目《め》だね。

例えば、文系出身の社長がいても、技術のほうがよく分からなかったら、優秀《ゆうしゅう》な技術者がどんどん出てきても、分身にならないですよ。それは、やっぱり、理解できないし、言葉も通じませんからね。

あるいは、〝逆〟もあるわね。

理系の技術者から、技術でちょっとずつ会社をつくった人の場合は、マネジメントをいっぱい学んで、外国でＭＢＡ（経営学修士）を取ったような文系の人がいっぱい来たりしても、言っていることが分からないから、社長の分身にはならないですよね。

だから、自分の子供みたいに、自分と同じようにはならないけども、やっぱり、「心の絆」みたいなものがつながっていなきゃいけない。

組織発展に必要な「心の絆《きずな》」を形づくる二つの要素

劉備玄徳　その「心の絆《きずな》」は、いったい何によってできるかということだけれども、結局、先ほど言った「大義名分《たいぎめいぶん》」……、一つは、「大きな理想」だね。大きな理想のところでつながっていなきゃいけない。

もう一つは、「庶民の心」というか、多くの人々の心を読んで、彼らを幸せにしたいっていう気持ち、そうした「慈愛《じあい》の心」を持っているというところで、また、みんなの底を支えるんだね。底上げをする。

今エリートをやってる人たちでも、みんなが全部、もともとエリートだったわけではありませんから、その人の代でエリートになった人もいっぱいいます。親が貧しかったことや、あるいは、おじいさん、おばあさんの時代に貧しかったこと、きょうだいや親戚《しんせき》とかで、そういうのをいっぱい知ってますので、やっぱり、「庶民の心」を分かるということ。

「大義名分がある」ということと、「庶民の心が分かる」ということ。この二つが捻《ねじ》り合わさって、「心の絆」が出来上がってくるんでね。

この二つに関しては、みんなも反対ができないので、この二つを捻り合わせてできた心のロープみたいなもので、「才能をつなぎ合わせていく」ことが大事なん

刺客《しかく》も味方につける慈愛の心

191年の袁紹《えんしょう》軍との戦いで功績を挙げた劉備《りゅうび》は、平原《へいげん》郡の相（執《しっ》政官《せいかん》）に取り立てられる。民生の向上に努めて支持を得た劉備に対して、これをよく思わない地元の有力者の一人が、刺客を差し向けて殺そうとする。だが、身分の低い相手でも差別しなかった劉備は、ほかの客人と同じように手厚くもてなしたところ、感激したその刺客は事情をすべて告白して、そのまま立ち去ったという。

ですね。

だから、決して、才能同士で競《きそ》ったりしてはいけないところがあるわけね。

里村　そういうところが、荊州《けいしゅう》を出て南下する際、劉備様のあとに、まあ、はっきり言って、足手まといとも思えるぐらいの数の領民がついていった場面にもつながっているように思います。

劉備の「天下万民《ばんみん》の救済の心」と、軍師の「現実的な諫言《かんげん》」とのぶつかり

斎藤　確かに、曹操《そうそう》の大軍が荊州に攻め寄《よ》せてきたときに、十数万もの庶民たちが、劉備様を慕《した》ってついてきています。

ところが、南下している劉備様たちの後ろから曹操軍がやってきたので、将官の一人が、「これではやられる」と思い、「劉備様、もう民《たみ》は見捨てて行きまし

ょう。安全が第一です」と言いました。しかし、劉備様は、「何を言っておるか。大業《たいぎょう》を成し遂《と》げるには、何よりも〝人民が第一〟であるんだ。わしを慕ってついてきてくれる領民たちが、これだけいる。そうした人たちの心は、どうなる。どうして見捨てて行かれようか。領民たちを護《まも》らなきゃいかん」とおっしゃったとのことです。

そこで、劉備様の「庶民の心に対する思い」というものを少しお聞かせいただけますか。

劉備玄徳　それは、まあ、「義の心」だねえ。庶民を見捨てるんだったらさ、国なんかつくる必要ないじゃない、もともとね。

まあ、護れないことはあるよ。それは、戦力が違えば負けることはあるけど、「自分を慕って来ている人たちを、いっぱいいっぱい護ろう」という気持ちは必要だろうと、私は思うんだよね。

だいたい軍師とかですけどね、「これは置いていかなきゃ逃《に》げ切れない」って言うのは。でも、そういうふうに理性的に言ってくれる人もいてくれないと駄目なんですよ。

里村　なるほど。

劉備玄徳　それは〝悪役〟ですけれども。あえて、パチッと切らなきゃいけない。その情の部分を断《た》ち切る人は、やっぱり要《い》るんです。そういう悪役をあえて引き受けて、諫言《かんげん》……。要するに、それが「諫言」っていうものでね。

実際に、強くなったり、偉《えら》くなったりしていくためには、そうした諫言をする人が必要になる。「情だけに溺《おぼ》れては駄目です」と諫言して、言うところは言わなきゃいけない。主君に対してでも諫言して、「主君が生き延びなければ、国家の大難を救うことはできません。今はまずお逃げください」というところを言ってくれる人がいることは大事です。

その人は〝悪役〟を演じているけれども、理性的に考えれば、どう考えても選《せん》択肢《たくし》はもうないわけなので。

確かに、その領民と一緒《いっしょ》に死ぬということは、彼らに対する義理を果たしたことになるかもしれないけど、「天下万民《ばんみん》の救済」という「理想」は死ぬわねえ。だけど、自分としては、必ず〝板挟《いたばさ》み〟になる。だから、それを言う人はやっぱり要るわけで、そういう人が（情の部分を）切ってくれることはあるね。

「せめて、彼らのために流してやる涙《なみだ》を忘れてはならない」

劉備玄徳　ただ、自分としては忍《しの》びない。でも、この気持ちは伝わるんだよね。

なぜか伝わる。死んでいっても、「見殺しにされた」っていうのとですねえ、「泣く泣く連れていけなかった」という気持ちは、やっぱり伝わるので。

こうした「庶民の心」っていうのは、今みたいに、テレビとか新聞がない時代でも伝わってくるんですよ、いろいろなところに。行く先々まで伝わってくるので。

例えば、今、急成長してきている会社でもいいし、政治家でもいいけども、彼らが人々を本当に大事にしようとしている人なんだといったことは、伝わってくるんですよ。そして、それが、次の予備戦力になって、支えてくれるようになる。次の国に行ったときにも、「これは、凶悪《きょうあく》な人なのか、いい人なのか」って、みんな値踏《ねぶ》みしてますから。やっぱり、メディアが発達していない時代は〝口コミ〟がほとんどですけど、みんな親戚だとか、いろいろいますからね。そういうときには、「親戚がどういう目に遭《あ》ったか」とか、いろいろなことが噂《うわさ》で伝わってくるので、隠《かく》せない。

そういう意味での世論《せろん》っていうのは、あんな時代、今から千八百年も前の時代でもあったわけなんですよ。世論と民意はあったわけでしてね。

ともかく、「どうしてもしかたない」、「理性的にやらなきゃいけない」というものもあります。それについては、軍師等の頭のいい人が考えなきゃいけないところもあるし、まあ、武人

人心をつかんだ劉備玄徳《りゅうびげんとく》の義の心

「官渡《かんと》の戦い」に勝利した曹操《そうそう》は、201年、汝南《じょなん》郡にいた劉備を攻撃。敗走した劉備は荊州《けいしゅう》の牧《ぼく》（長官）・劉表《りゅうひょう》に庇護《ひご》を求める。

208年に劉表が亡くなり、次子の劉琮《りゅうそう》が跡を継ぐと、諸葛亮孔明《しょかつりょうこうめい》は劉備に対して劉琮から荊州を奪うように勧める。しかし、劉備は「劉表に不義理はできない」と頭を横に振る。

その後、曹操の進軍を知った劉琮はあっさりと降伏。劉備たちは領民10万人余りを引き連れて荊州をあとにするが、「赤壁《せきへき》の戦い」を経て、再びこの地に戻ってくる。

そこで、劉備は改めて劉表の長子・劉琦《りゅうき》を荊州の牧に立てて、自らは荊州の南四郡の征討《せいとう》に赴く。その後、劉琦が病死。民衆や群臣たちに推挙されるかたちで、劉備はついに荊州の地を治めることとなった。

荊州古城（湖北《こほく》省荊州市）

として、潔《いさぎよ》く戦いを挑《いど》んで散っていくような人もいることはいると思いますけど、「大局」を見て判断しなきゃいけない面もある。

まあ、トップも、経験を通してだんだん磨《みが》かれていくところは当然あるんだけどね。

ただ、ここを忘れちゃいけない。会社でも、成長したら、社長がそれに驕《おご》ってね、自分の才能に驕ったり、製品に驕って、「わが社の製品は天下一品だ」ということを自画自賛《じがじさん》だけしていたら、だんだん、従業員のなかからも、心が離《はな》れる人もいれば、お客様、顧客《こきゃく》のなかからも、心が離れる人も当然いるだろうね。

そのへんを忘れないことが大事だねえ。

だから、救うことはできなくとも、「せめて、彼らのために流してやる涙《なみだ》を忘れてはならない」と思うなあ。

里村　今、非常に重要なことを教えていただきました。
「忍耐《にんたい》の力」は撤退《てったい》戦や敗戦を繰《く》り返すなかで練り上げられる

里村　劉備様の「忍耐《にんたい》の時代」「苦しい時代」はたいへん長《なご》うございました。そうしたなかで、「民を見捨てない」というお気持ちがあったと、今、お伺《うかが》いしたのですが、また、民もずっと劉備様についていきましたし、劉備様も、漢室《かんしつ》再興という理想は決して諦《あきら》めませんでした。

「忍耐のとき」「苦しいとき」は、どのような会社でも必ずあると思いますが、そういうときに、耐《た》え忍《しの》ぶ力、あるいは、やり続けるモチベーションというものは、どのようにして得ればよいのでしょうか。

劉備玄徳　やっぱり、鍛《きた》えられていない刃《やいば》は、どうしても折れやすいからねえ。

「順風」「順境」っていうのも、成長が早いし、大事なことだとは思うけど、やっぱり、火をくぐり、水をくぐっていない刀っていうのは、すぐ折れるところがあるわなあ。

だから、一直線に成功したわけじゃなくて、撤退戦《てったい》や敗戦もいっぱい繰《く》り返しながら、いろいろやってきている。そのなかで練り上げられてきたものはあるので。それが「忍耐のコツ」だろうと思うんだよ。

知恵《ちえ》ある者は「知」に驕るし、武力ある者は「武」に驕るしね。もちろん、血統がいい者には、「血統」に驕る者も、「家柄《いえがら》」に驕る者もいる。女性であれば、「美貌《びぼう》」に驕る者もいるでしょう。そのように、いろいろあると思うし、それぞれよさはあるんだけれども、自分の長所を溺愛《できあい》して、自己陶酔《とうすい》してはいけないんでね。

要するに、長所は長所として、ありがたいことだと感謝をしつつも、「自分自身の力で成功した」と思わずに、大きくなればなるほど、「他の人々のいろいろな力を受けて、現在、自分があるのだ」と知る心が深まっていくことが大事です。

三人や四人で始まった会社が、百人、千人、万人になっていくには、多くの人たちの力が加わって、〝大河《たいが》になって〟きているわけなんでね。自分だけの力じゃないですよ。

もちろん、最初は社長一人の力だと思いますけれども、それが、だんだんいろんな人の力でやってきている。

やっぱり、そのときの身の処し方は難しいね。

会社、あるいは組織が大きくなったら、それに相応するだけの「立派さ」っていうか、世間《せけん》的に見える「立派さ」は要ると思うんだけれども、同時に、「腰《こし》の低さ」というか……。

まあ、「自分も、一直線に成功したわけではなくて、いろいろな試行錯誤《しこうさくご》や失敗の上に現在がある。その間《かん》、苦労してる間、失敗してる間に、多くの人たちに救ってもらったり、支えてもらったり、逃《のが》してもらったりしてきたのだ」と。

あるいは、〝散っていった人〟もいっぱいいるけれども、それを忍ぶ気持ちというかね、「残念だったなあ」という気持ちは要ると思うんだなあ。

「実るほど頭《こうべ》を垂れる稲穂《いなほ》かな」が大切な理由

劉備玄徳　今、君たちも、スターになった方の霊言《れいげん》、あるいは、守護霊《しゅごれい》霊言等をいろいろ録《と》ってると思うけれども、君たちが録ってるような人たちは、みんな、数億円も収入があるような方々だわな。この世的に言えば、数億円もの収入があったら、それは、会社の社長よりも収入は高いわね。大会社の社長よりも多いぐらいで。スポーツ選手とか、タレントとか、俳優・女優等でも、数億も稼《かせ》いだら、会社の社長よりも出世したことになるような〝あれ〟になりますけども。

でも、驕《おご》っているような人は、ほとんどいないでしょう？　みんながそうでしょう？　「運がよくて、今、たまたまこうだけど、いつまでもこんなものが続くと思っているわけではない」とか、「監督《かんとく》のおかげである」とか、「共演者のお力です」とか、「みなさんが支えてくれたから、ここまで来ました」とか、「原作がよかったので、こうだった」とか、あるいは、「家族が支えてくれたからです」とか、「いろ

人気俳優・女優の守護霊霊言（一部）

『女優・宮沢りえの守護霊メッセージ　神秘・美・演技の世界を語る』（幸福の科学出版刊）

『人間力の鍛え方―俳優・岡田准一の守護霊インタビュー―』（幸福の科学出版刊）

『魅せる技術―女優・菅野美穂 守護霊メッセージ―』（幸福の科学出版刊）

『「イン・ザ・ヒーローの世界へ」―俳優・唐沢寿明の守護霊トーク―』（幸福の科学出版刊）

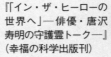

んな人の力で、今現在、自分がある」と、みなさん言うでしょう?

　やっぱり、これが当たり前なんですよ。

　こういう、「実るほど頭《こうべ》を垂れる稲穂《いなほ》かな」という気持ちになっていくタイプの人は、まだ成功が続くんですが、ちょっと成功すると、すぐ天狗《てんぐ》になってくるタイプの人、「俺《おれ》がやったんだ。俺が偉いんだ。俺に才能があるからなんだ。だから、みんな、俺についてくりゃいいんだ」という傲慢《ごうまん》な態度を取っている人は、いずれ必ず〝高転《たかころ》び〟するわけで。例えば、（織田《おだ》）信長《のぶなが》みたいに才能のあった人に対して、●安国寺恵瓊《あんこくじえけい》という人は、「いずれ、これは高転びする」と見てたんでしょう?

里村　はい。そうですね。

●安国寺恵瓊（?～1600）　安土桃山《あづちももやま》時代の臨済宗《りんざいしゅう》の僧。毛利《もうり》家の外交僧として活躍し、毛利輝元《てるもと》・豊臣秀吉の間の和睦に尽力した。後に、豊臣秀吉の信任を得て大名の待遇を受ける。また、織田信長の転落と豊臣秀吉の躍進を予想していたとされる。

劉備玄徳　（信長は）そういう、「俺がやっているんだ」というような気持ちがすごく強かったんだと思うし、人を遠ざける面があったと思うんですよね。

要するに、「成功している人の共通項《こう》」としては、みんな、努力して、苦労してやってるんだけれども、成功すればするほど、自慢するんじゃなくて、感謝する気持ちや、運に恵《めぐ》まれたこと、天に生かされていることを思う気持ちが強くなってくるんです。

こういう人には、さらなる成功が待っているけれども、こういう気持ちがなくなってきて、「全部、自分の力だ」というふうに驕り始めると、腐敗《ふはい》します。

そして、だんだん、周りはイエスマンばっかりになってくるんですよ。周りがイエスマンになって、ただただお調子者でいって、いわゆる宦官《かんがん》政治みたいな感じになってきて、「ほめてくれる人」ばっかりになって、きついこと、厳しいことを言ってくれる人がいなくなる。そういうことを言ったら、すぐ処刑《しょけい》してしまうようになるね。必ず、そういうふうになるので。

やっぱり、「人間としての成長」が同時進行で進まないかぎりは駄目なんだと思いますね。

里村　なるほど。

6　曹操《そうそう》、孫権《そんけん》、それぞれの長所とは

曹操のリーダーとして優《すぐ》れているところとは

里村　今、本当に貴重な、たいへん大切な教えを頂いているのですが、劉備様には、同時代のライバルであった方々として、これは、企業《きぎょう》であればライバル企業に当たると思いますが、魏《ぎ》の曹操《そうそう》様、そして、呉《ご》の孫権《そんけん》様がいます。

劉備玄徳　うーん。

曹操《そうそう》像（湖北《こほく》省武漢《ぶかん》市）

里村　人材の集まり方や国力そのもので言えば、圧倒的《あっとう》に魏が上で、曹操様が勝ってもおかしくありませんでしたし、もともと、地の利を持っていた呉の孫権様が、あっという間に天下を統一してもおかしくなかったと思います。しかし、そうはなりませんでした。

劉備玄徳　うーん。

里村　劉備様としては、曹操様、あるいは孫権様は、リーダーとして、どこが優《すぐ》れていたと思われますか。また、これは難しいことなのかもしれま

「官渡《かんと》の戦い」で袁紹《えんしょう》に勝利した曹操《そうそう》が、手に入れた領地に建造した宮殿・銅雀台《どうじゃくだい》の復元（河北省《かほくしょう》涿州市《たくしゅうし》）。

せんが、どこが足りなかったと思われますでしょうか。

劉備玄徳　うーん。まあ、それは、「天下三分《さんぶん》」で割ったので、言うことは難しいとは思うけどもね。「セ・リーグとパ・リーグの違《ちが》い」みたいなことになってしまったかもしれないなあ（笑）。

里村　ただ、ゼロから大を成したのは劉備様ですので。

曹操は、なぜ「赤壁《せきへき》の戦い」で生き延びられたのか

劉備玄徳　まあ、曹操の優れているところは、やっぱり、「人材を愛した」というところだな。そこは優れていたと思うねえ。彼の場合は、私なんかよりももっと徹底《てってい》的に、能力のある人を愛したという面では、すごいね。

それに対して、彼はよく、「乱世の奸雄《かんゆう》」、あるいは「梟雄《きょうゆう》」みたいに言われるけれども、あの関羽《かんう》にさえ、「自分の部下になってくれないか」と懇願《こんがん》して、一生懸命《いっしょうけんめい》もてなして、尽《つ》くしに尽くして、まあ、心を翻《ひるがえ》すことはできなかったけれども、あれだけやられた。それで、後《のち》に、一命を取りとめているよね。本当は、関羽にやられるはずのところで、関羽は、どうしても曹操を殺すことはできなかったわね。

斎藤　ええ、わざと曹操を見逃《みのが》してしまいました。

劉備玄徳　やっぱり、（曹操には）徳はあるんだよ。徳があったから、見逃しちゃう。まあ、私も、「関羽をそこに置いたら、たぶん、見逃すだろうな」ということは分かっていた。

里村　はあ。

劉備玄徳　本当は分かってたんだ。「あれだけの恩を受けて、その義理を欠いて、私のところに戻《もど》ってきた以上、やっぱり、どこかで恩返ししないと駄目《だめ》だろう。済まないだろう」と。

だから、やっぱり、彼（曹操）には天の蔵《くら》に徳を積んでるものがあったと思うんだよね。それで、死ぬべきところで死んでいない。

魏の百万という大軍がねえ、「赤壁《せきへき》の戦い」で敗れて、普通《ふつう》、これで終わりだよね。普通は終わりで、

赤壁《せきへき》古戦場（湖北《こほく》省赤壁市）

「天下三分《さんぶん》の計」が実現した赤壁《せきへき》の戦い

208年、華北《かほく》を統一して、さらに南下する曹操《そうそう》に対して、劉備《りゅうび》は呉《ご》の孫《そん》権《けん》と同盟を結んで対抗。20万以上の兵を率いる曹操の水軍は、長江《ちょうこう》の水面を埋め尽くすほどだったが、わずか３万の劉備・孫権の同盟軍によって船団を火攻めにされ、大敗を喫《きっ》する。これによって、曹操の天下統一は頓挫《とんざ》し、諸葛亮孔明《しょかつりょうこうめい》が唱《とな》えた「天下三分の計」が実現。三国時代が始まる。

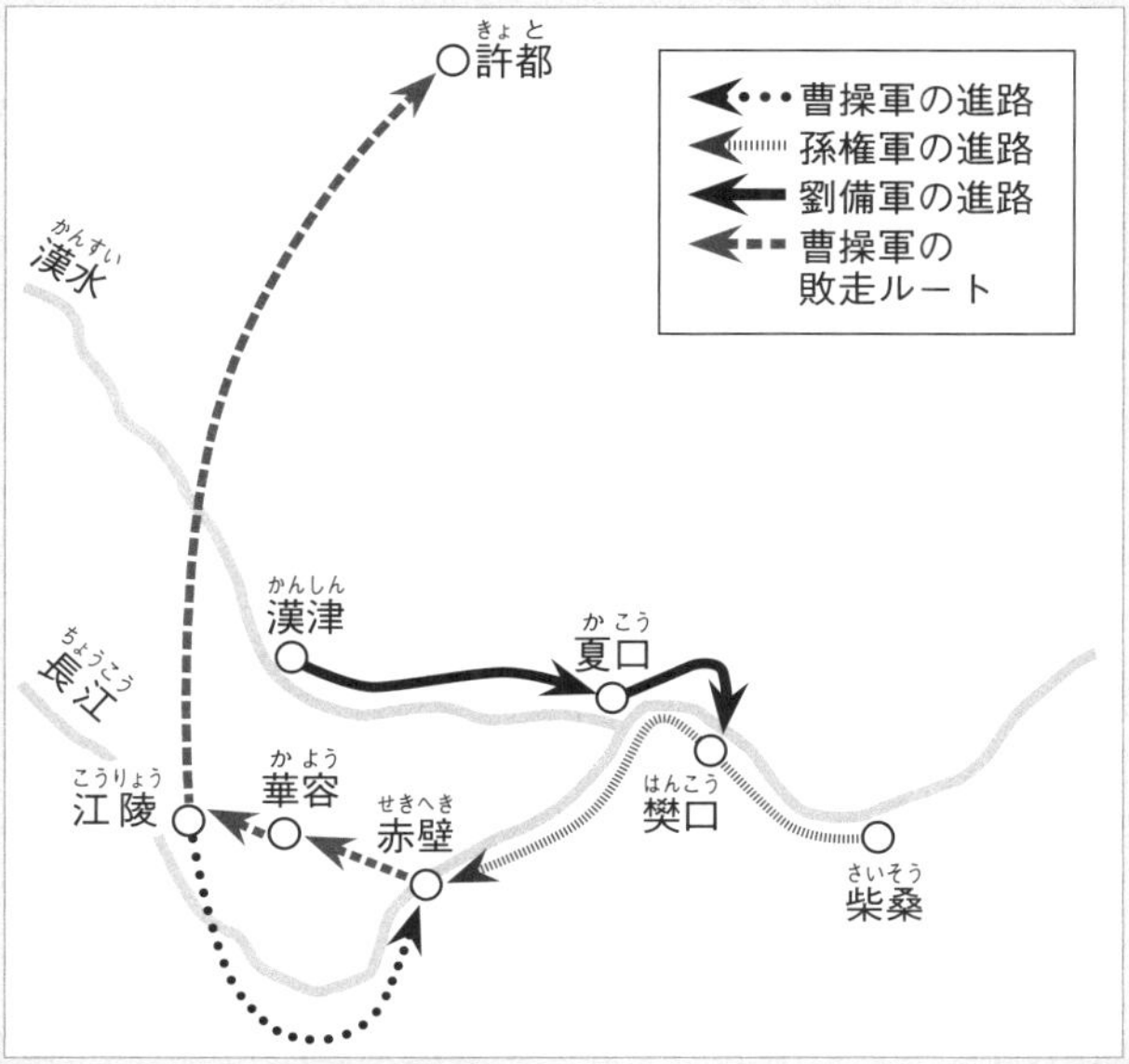

（左）赤壁の戦い（イラスト：CPC 提供）。
（右）赤壁古戦場。岸壁には「赤壁」の文字が記されている（湖北《こほく》省赤壁《せきへき》市）。

これで落ち延びて逃《に》げたら、落ち武者《むしゃ》になって、これで再起するなんていうことはありえないけれども。

曹操が赤壁後にリバウンドできた理由

劉備玄徳　曹操のすごいところは、百万と称《しょう》する魏の大軍が、水軍で、水戦《すいせん》で呉に大敗しても、もう一回、リバウンドして大国をつくって、強国をつくってくるでしょう？　このへん、「リバウンド力」っていう意味では、すごいですね。

里村　はああ。

劉備玄徳　優秀《ゆうしゅう》な人を短期間の間に集めて、もう一回、再建してきて、リバウンドしてくる力。これは、確かに、「孫子《そんし》の兵法」を継《つ》いだだけのことはあるね。

だから、曹操の兵法として完成させただけのことはあって。

まあ、私なんかよりも、ずっと頭のいい方なんだろうと思うけれども、いかに短時間で、兵力をもう一回再建して、国づくりをするかという。だから、本来滅《ほろ》びていいところを、滅びていないで行ってるし。「人材登用」に対しての熱い情熱っていう意味では、私も敵《かな》わないぐらいのものがある。

私が敵わなかったものは何かって言うと、曹操に出せて、私に出せなかったものは「褒美《ほうび》」だよ、はっきり言えばね（笑）。

里村　はあ。

劉備玄徳　曹操が出せるだけの褒美を、私は出すことはできない。報《むく》いることが十分できなかった。流浪《るろう》の旅が多くて、自分の領地がなかなかつくれなかったからね。その意味で、苦労をかけた人たちに十分に報いてやれなかったけど、曹操は、有能な人材に対しては、官位とか、領地とか、あるいは金銭とか、〝くれっぷり〟はよかったと思うね。

その反面、もちろん、理性的だから、害をなす者に対しては、情け容赦《ようしゃ》なく処分するところもあるし、自分の身内の者でも、疑いを感じたら抹殺《まっさつ》してしまうような怖《こわ》いところもあったわね。

そのへんで、毀誉褒貶《きよほうへん》、両方あったとは思うけども。ああいう乱世にあっては、ある程度の「悪徳」に見えしところも、〝頭のよさ〟の部分もあるのかなあと、私は思うところはありますね。

孫権《そんけん》は「守成《しゅせい》」がしっかりしていた

劉備玄徳　それから、孫権《そんけん》に関しては、三代続いた優秀な家系であるし、部下にも優秀な方が多かったし、呉の国は、やっぱり豊かだったんで。

里村　はい。

劉備玄徳　江南《こうなん》の地は穀物が豊かだったですからねえ。だから、あっちは主として、考えが「守成《しゅせい》」だったと思います。要するに、守りを固めておければ、国は滅びない。

　まあ、外は海だし、あと、上は大きな川で塞《ふさ》がれている。中国の川は海みたいなものですから、この川を渡《わた》って攻《せ》めてくるっていうのは、そんな簡単なことではないし、水軍という意味では、やはり、呉の国は、陸戦と違って、すごく優れ

孫権《そんけん》像（江蘇《こうそ》省南京《ナンキン》市）

た能力がありましたから。「守り」ということを考えれば、「そう簡単には敗れない」という面はあったと思うんですね。

だから、呉の国は、ある意味で、何と言うか、日本史で言えば徳川《とくがわ》のような、守りのしっかりした面があって。「創業」の面もあるけれども、どちらかといえば、「守成」がしっかりしてたんじゃないかなっていう感じはします。

そういう意味で、「続いていく力」を持っていたような気はしますね。

孫権《そんけん》が建てた石頭城《せきとうじょう》の城壁（江蘇《こうそ》省南京《ナンキン》市）。

7　経営者に必要な、一見矛盾《むじゅん》する「二つの面」

「性善説」で「未来は明るい」と信じよ

斎藤　おそらく、「劉備先生に訊《き》いてみたい」、「私だったら、こう訊きたい」という方は、全国各地にいらっしゃることと思います。

例えば、現代の社長であれば、「うちの会社は、そうは言っても人材がおらん。わしは一生懸命頑張《いっしょうけんめいがんば》っているが、周りがボンクラばっかりで駄目《だめ》なんだ」という悩《なや》みをお持ちかもしれません。人生相談などをすると、よくあるのですが、「過《か》疎《そ》地域だから、人がおらんのだ。だから、自分は一生懸命頑張っているけど、これ以上発展しない。とにかく、人がいないんだ。人を用いたくても、その人が見当たらない。集まってこない」といったように、「孤軍奮闘《こぐんふんとう》している」という悩みがさまざまな組織であろうと思いますし、実際、そのようにも聞いています。

そこで、そういう、中小企業《きぎょう》の社長や、小さな組織のリーダーに対して、どのようなアドバイスをなされるでしょうか。禅《ぜん》のような〝一転語《いってんご》〟的な言葉でズバリ教えていただければ、ありがたく存じます。

劉備玄徳　やっぱり、「言い訳のところは、部下に聞かせてはいけない」と思うね。当時は、「天下三分《さんぶん》」もやりましたけれども、蜀《しょく》の地というのは、「痩《や》せている地」であったわけですよ。貧しくて、豊かな地ではなかったですから。険《けわ》しい地帯であるし、生活も厳しく、冷《ひ》え込《こ》みも厳しい地帯で、痩せている地であったので。

そこに入ったということは、「ニッチ」ですよね。いわゆる、現代で言う「隙《すき》間《ま》産業」で、みな大手が入りたがらない、金が儲《もう》かっているところがあんまり入りたがらないようなところから入って、国を建てていって。そこのなかを耕して、農業をやったり、人材を育てたりして、国を強くした。練兵《れんぺい》をやって、兵を鍛《きた》えて、そして、五度ぐらい行きましたかねえ。「北伐《ほくばつ》」といって、魏《ぎ》に行っていますよね。

里村　はい。

劉備玄徳　小さくて、魏の五分の一ぐらいの戦力しかないのに、諸葛孔明《しょかつこうめい》が、「自分の存命中に魏を倒《たお》さなければ、自分の没後《ぼつご》では、やられる」と見て、小さいながら、戦略・戦術を駆使《くし》して、北伐

蜀《しょく》の軍事的要地だった葭萌関《かぼうかん》に建つ昭化《しょうか》古城（右）とその城楼《じょうろう》（左）。

をやっていますよ。豊かな国に対して戦いを挑《いど》んで、まあ、いつも勝つことはできないではいましたけれども。それは、貧しいところを土台にしたツケはツケですよね。

もちろん、あちらのほうの、魏の国があった所のほうが、中国として進んでいたところだし、南は豊かであったしね。まあ、そのへんの違《ちが》いはありましたけど。

そういう意味で、何て言うか、中小企業の社長は、言い訳を挙《あ》げれば数多くあるでしょうけれども、逆に社員に言わせたら、「社長の足りないところを挙げてみよ」って言ったら、それはもう、たくさん出てくる（笑）。「こんな社長じゃなくて、もしも、別の、こういう社長だったら、うちは

蜀《しょく》が北伐《ほくばつ》の際に使用した褒斜石門桟道《ほうしゃせきもんさんどう》（陝西《せんせい》省漢《かん》中《ちゅう》市）。

こんなのではない」という（笑）。逆に社員から言えば、いくらでも言えるところはあると思うんですよ。

だから、「今、この業界には、景気の追い風が吹《ふ》いていない」とか、「たまたま、ライバルが強すぎる」とか、「立地条件が悪い」とか、「工場が古くなった」とか、「税金が高くなったから、今はきつくなった」とか、「貿易で、円高・円安等、いろんなことでやりにくくなった」とか、いろいろあるけれども。そういうことは、ほかのところにもいろいろ働いてくる問題であるのでね。

それを言いたい気持ちはよく分かるし、現実そのとおりではあるかもしれないけれども、やっぱり、トップっていうのはね、先ほど言ったように、人の長所を見なきゃいけないと思うんですよ。「長所を見て、それを引き上げていく」というところや、「長所を見る目、よいところを見る目」は必ず持っていなければいけない。

そういう意味で、「性善説」であるべきだし、「未来は明るい」と考えるほうがいいし、「国の発展を信じられる人」であることが正しいと思うんだけれども。

「先行的悲観論者」の面を持て

劉備玄徳　そういう、性善説で、長所を伸《の》ばす人であるけれども、同時にまた、多くの人たちの未来を考えて、「彼らが危機に陥《おちい》らないようにするには、どうしたらいいか」ということを、いつも考えている人でなきゃいけない。

だから、ある意味での「先行的悲観論者」の面を持っていなきゃいけないんだ、必ず。「今は会社がうまいことといっているけど、もし円安になったら、どうなるか」、「円高になったら、どうなるか」、「もし税金が上がったら、どうなるか」、「もしここにライバル産業が参入したら、どうなるか」っていうようなことを、部下が考えていないようなことも考えていなければいけないわけで。

基本的には、長所を見て、明るい考え方を持っている楽天家に見えなければいけないと思うんだけれども、やっぱり、先行して、悲観論っていうものを一通り検証するだけの先見性が必要だと思いますね。

例えば、「では、最悪の場合、当社はどうなるのか」ということを、部下に先立って考える。「最悪だったら、どうなるか」と考えて、それを受け入れた上で、「その最悪を少しでもよくするためには、今、自分として何ができるか」と。

税制を変えることはできないし、円高・円安を変えることもできない。また、ライバルが、お金を持っていて、わが社が伸びているのを見て、「この商売は儲かる」と思って入ってこようとするのを止めようとしても、そう簡単には止められるものではありませんね。

やっぱり、「そういうことはありうる」ということを考えた上で、「どういう戦い方なら、可能なのか」を常に人よりも先に考えておくことですよ。

そうすれば、実際にそういう危機が来たときには、もうすでに、何年も前から十分に考えていたために、撤退戦《てったい》をするなり、戦力を集中して中央突破《とっぱ》するなり、新しい手、新戦術を生み出して相手に勝つなりできる。こういうことを十分に考えている時間があって、やると、部下たちには、そうした悲観論が悲観論に見えないわけですよ。先見性に見えるわけなんです。

里村　ほお。

劉備玄徳　自分が十分に悲観的に考えた上で、そのときの乗り切り方を考えておいて、部下にそんなことを心労させる時間を長く与《あた》えないことが大事です。

そうすると、明るいリーダーの下《もと》で、希望を持ってやっているように見えてくるから。危機に強くなけりゃいけないね。

8　現代日本に必要な「人材」の種類とは

日本のリーダーの「問題点」と「持つべき心構え」

釈　ここで大きな話を聞かせていただきたいのですが、「日本・中国・インドが競《きそ》う〝アジア三国志〟」を唱《とな》える識者や、「キリスト教世界、イスラム教世界、そして第三極の世界宗教として幸福の科学が競う〝三国志〟的時代の到来《とうらい》」を予言する霊人《れいじん》もいます。ところが、中国や韓国《かんこく》の〝反日キャンペーン〟もあり、非常に徳のない国になってしまっています。大きな視点で考えたとき、「この国自体、世界で、どのように徳を輝《かがや》かせていけばよいのか」というところを、教えていただければと思います。

劉備玄徳　どうだろう。何か、学校秀才《しゅうさい》がリーダーになっていることが多いだろうと思うので。

役人であろうと、政治家であろうと、あるいは、マスコミ関係の人であろうと、何か、学校秀才の方が多いので、〝細《こま》かいこと〟をすごく気にしすぎる気《け》があるわね。今、「(大学入試)センター試験」の点数を付けているんだろうけれども、「何点取れば、どこに入れる」とか、いろいろと細かい点数刻《きざ》みで物事を考えて、「ミスをしないように」っていうような頭を、ずいぶん鍛《きた》えているんだろうと思うんだけど。

そういう〝小さいこと〟を考えすぎると、「大局観を失ってくる」ようになるわね。そういうものがまったく関係ない人は、無視して物事の本質にズバッと飛び込《こ》めるところがあるんだけど、あんまりそういう訓練を長く受けると、細かい目で物事を見て、自分のミスを減らすことを中心に考える。

そうすると、人の悪口とかが、すごく気になるわけね。ほかから攻撃《こうげき》されるところがあるのが怖《こわ》くなるから、できるだけ、そういうものを減らそうとして、悪口を言われないことが安全で。

だから、「大過《たいか》なく過ごせました」っていうのが、だいたい、役人の辞《や》めるときのいちばんの「自慢《じまん》」というか、家族に対する言い訳がそうだね。出世したかどうかは別にしても（笑）、とにかく「大過なく過ごしました」「大きな失敗がなかったから、出世しました」とか、そういうことがある。

でも、経営者や事業家、あるいは、乱世の英雄《えいゆう》、政治家等においては、それでは足りないものはあるだろうね。

だから、「どうしたらいいか」ということだけれども、やっぱり、そういう「目先の評判」とか、「悪口」とか、こういうものに耐《た》えられるには、相手を〝呑《の》んでかかる〟ことが大事だと思うんですね。

斎藤　批判に耐えられるには、「相手を呑んでかかる」と。

劉備玄徳　うん。呑んでかからないと。

クジラみたいに、ガバッと呑んでかからなきゃいけない。クジラが食べるものは、小さな小魚《こざかな》かもしれないけれども、水ごとガバーッと呑んで、吸い込んで食べてしまうでしょう？　それで、水を出してしまう。ああいう感じで、呑んでかからなきゃいけない。

だから、大国を自負している国が、いろいろ〝小さなこと〟を言ってくることに対しては、それを呑んでかからなきゃいけないんですね。もう一段の大国ぶりを持たないといかんと思うんですな。

中国が「（日本が南京大虐殺《ナンキンだいぎゃくさつ》で）三十万人殺した」とか言ったら、「おたく、いったい何人いるんですか。十三億から十四億ぐらいまでいて、戸籍《こせき》さえはっきりしていないような大国が、三十万人ぐらいの小さいことを言うんじゃないよ。日本は、先の大戦で三百万人も死んどるんだ。細かいことを言うな」と言うぐらいの大きさが要《い》るんじゃないですかねえ。

現代の日本は「人材の供給源」が絞《しぼ》られすぎている

里村　そうしますと、現代の政治家、あるいは経営者も含《ふく》めて、日本のリーダーに関して、何かおっしゃりたいことがありましたら、ぜひお願いしたいと思います。

劉備玄徳　まあ、今、安倍《あべ》さん（の政権）になって、少し〝ワイルド〟になっているとは思うね。だから、学校秀才だけでないところを、やっぱり、彼なりの加点事由《じゆう》をつくらないといかんと思って、やっているところがあるんだろうと思うんだけどね。その意味では、面白《おもしろ》いところもあると思うので。

まあ、順調に成長しているときは、そういう、ミスなくやっていける人が順繰《じゅんぐ》りに上がっていけるようなシステムもよかったんだと思うけれども、乱世になったら、やっぱり、異種の人材が必要になるので。少し、「異才」というか、別途《べっと》、〝違《ちが》った才能〟を持った人が必要になると思うね。大企業《だいきぎょう》で安穏《あんのん》に最終まで就職できているようなタイプの人では、やっぱり、もたないだろうと思うので。

だから、それを選ぶ……、そういう人たちを評価するマスコミや、あるいは、それをまた追認する国民諸氏がね、今までの価値基準だけで、いろいろと人材を判定してはならないんじゃないかなと思うねえ。

実は、人材がいないわけではないんだけどね。例えば、企業なんかだったら、大企業を一代でつくったような人なんていうのは、やっぱり相当なもので。それはアメリカなんかに行っても、そうとう評価されるような人材だと思う。アメリカとかでは、そういう人を、けっこう、政治家、大統領に登用したりしている。

里村　そうですね。

劉備玄徳　「事業で成功している」なんていうのは、大きなポイントだよね。「事業で成功した」「金儲《かねもう》けができる」っていうのは大きなことで、自分が金儲けできる人は、人に儲けさせることもできるからね。

これは大きな加点事由だし、「軍隊をやって、司令官なんかで勝った」っていう実績がある人も、これは「総合力」だからねえ。やっぱり、軍人も、結局は「総合力」で、人の心から物資まで全部を支配して、敵の力まで見なければ、軍では勝てませんから。そういう人だって、大統領に上がっていくでしょう?

だけど、日本は、そういうのは嫌《いや》がっていく傾向《けいこう》があって、ほとんど、家系的に「政治家の家系」みたいな人が、今、上がっていくようになっているけど、人材の供給源が、少し絞《しぼ》られすぎているような気がするね。

国民の代表、「政治家・官僚《かんりょう》・マスコミ」に〝面白《おもしろ》い人材〟を

劉備玄徳　だから、もうちょっと〝野人《やじん》タイプ〟っていうかなあ。そういう人を、広く集めていく姿勢は要るんじゃないかねえ。

例えば、「司法試験なんかにも、受験回数制限をつけようか」なんていうのもあったようだけど（笑）。政治家のほうも、優秀な方が何代か続いてやる場合もあるけれども、ちょっとねえ、そらあ、安倍さんとか、ずーっと親の地盤《じばん》だけを継《つ》いでやられると、新しい人が出てくるチャンスが減るじゃないですか。

だから、やっぱり、そのへんは「公平感覚」っていうのを、少し調整する必要

があるんじゃないですかねえ。

里村　うーん。

劉備玄徳　そういう、「親の地盤をもらって、そのまま、あと受かってしまう」みたいなのばっかりがずーっと続きすぎると、幸福実現党みたいなところが〝面《おも》白《しろ》いこと〟を言っても、そんな〝面白いこと〟を実験するよりは、やっぱり、安《あん》泰《たい》に、同じように、親のやったことをそのままやってくれるような気持ちでね。「昔の江戸《えど》時代の藩《はん》が続くような、国を護《まも》っているような感じ、自分の領地を護っているようなつもりでやっている。せっかくつくった票田《ひょうでん》を守り続ける」みたいな感じがあるでしょう？

これで、入らないように新規参入を止めているけれども、やっぱり、大事な激動の時代になったら、激動の時代に合った人材が必要なわけでね。「既成《きせい》の観念を打ち破っていくような人が要るんだ」ということで、ちょっと考え方を変えなきゃいけない。

だから、マスコミなんかも、ちょっと秀才が多すぎる。秀才が多すぎて、秀才であるがゆえに、官僚《かんりょう》が秀才だから、官僚の言うことをよくきいて。まあ、そういうことで、国が固まってしまっているところがあるわな。

それで、官僚自体はどうかっていうと、大胆《だいたん》な発想はしにくくて、優柔不断《ゆうじゅうふだん》を重ねて、失策を出さないように、一生懸命《いっしょうけんめい》、後手後手《ごてごて》でやるわねえ。

「やれ」って言うのは、本来、政治家ができる立場なんだけれども、政治家のほうも、「単なる血統が続いている」っていうようなことだけでやっていることも多いので、やっぱり、乱世には弱いタイプが多いような気がするねえ。

だから、「もうちょっと〝面白い人材〟を、国民の代表として押《お》し出していって、国の危機に備える」という発想は要るんじゃないかね。私はそう思いますが、どうでしょうかねえ。

里村　いや、もう、本当におっしゃるとおりだと思います。

自国の戦争にのみ反対し、他国の戦争に反対しない「某政党《ぼう》」

里村　幸福実現党も〝面白い人〟はたくさんおりますので、ぜひとも、劉備様から応援《おうえん》をお願いしたいと思います。

劉備玄徳　まあ、某《ぼう》政党なんかもねえ……。某政党というか、某宗教というか、そこなんかもねえ、「核《かく》兵器のない世界なんて、ただの夢でしょうか」みたいな広告を、大きいのを打っとるみたいだけど（収録当時）。

やっぱり、「核兵器を持っている国に囲まれていて、そこが覇権《はけん》主義を取っているなかで、それ（広告）を打っている」っていうことが、どういう意味なのか。「もはや、自分たちが、イノベーションが遅《おく》れて、時代遅れになって、国を滅《ほろ》ぼす勢力のほうに入りかかっている」っていうことを知らなきゃいけないんじゃないでしょうかねえ。

里村　はい。

劉備玄徳　そのへんは、「宗教であれば、みんな戦争に反対するもんだ」と思ってるかもしらんが、「自国の戦争にだけ反対して、他国の戦争に反対しない」っていうのは、おかしいことですよ。他国の戦争だって、間違ってる戦争には反対しなきゃいけない。ね？　そちらはしないで、自国のだけを言っている、と。これは、あなたがたが戦った「自虐史観」だと思うけれども、やっぱり、日本が〝いい国〟になっているんだったら、〝いい国〟相応の発言力は持つべきだし、勇気を持って言わなければいけないわね。

ましてや、「日本を批判している言論のもとになるものとして、もし、捏造《ねつぞう》的な記事や考え方、あるいは、つくり出されたプロパガンダ、それから、日本を貶《おとし》めるために戦時につくったようなものが、いまだに七十年たっても使われ続けている」というのだったら、これを粉砕《ふんさい》する力を持った、〝ブルドーザー〟のようなものが出てこなければいけないだろうね。

これが分からないなら、やっぱり、マスコミも〝店をたたむべき〟だと私は思うね。そうじゃないでしょうかねえ。

里村　はい。

9 「志《こころざし》」はこの世の勝負を超《こ》えて

「義兄弟が討《う》たれて何もしなかったら、合わせる顔がない」

里村　マクロの視点からもお話を頂いたのですけれども、もう一つ、「徳のリーダー学」という観点から、劉備様にこれだけはお伺《うかが》いしたいと思っていたことがございます。

関羽《かんう》将軍が亡《な》くなられたときに、参謀《さんぼう》である諸葛孔明《しょかつこうめい》様が、劉備様に、あれだけ弔《とむら》い合戦をやめるようにとおっしゃいました。あるいは、戦い方にもまずいところがあったのかもしれませんが、劉備様は呉《ご》の軍勢に戦《いくさ》で敗れ、最終的に白帝《はくてい》城《じょう》で亡くなられました。

劉備玄徳　うーん……。

里村　なぜ、劉備様は、諸葛孔明様の制止を振《ふ》り切ってまでして、関羽将軍の弔い合戦に出られたのでしょうか。できましたら、このあたりのご自身のことについて、「徳のリーダー学」という観点からお説きいただければと思います。

劉備玄徳　まあ、結論的には、「それは、私の頭が悪いからそうなった」ということで。

関羽《かんう》の故郷・山西《さんせい》省運城《うんじょう》市に建つ解州関帝廟《かいしゅうかんていびょう》。

里村　いえ、いえ。

劉備玄徳　孔明は頭がいいから、この戦をやったら負けるのを知っていた。だから、止《と》めた。それは、参謀としては当然のことだけれども。

これ、私に先があるならね、先があるなら止めて、戦力を温存《おんぞん》して、やることも可能だったけれども。まあ、「同年同月同日に死のう」という約束をした仲であるから。

張飛《ちょうひ》が首を刎《は》ねられてねえ。酔《よ》っぱらって部下を鞭打《むちう》っていたので、夜中に首を掻《か》かれるようなことで死んで。次に、三十年間無敗を誇《ほこ》っていた関羽も、やっぱり年を取るもんだねえ。呉の若い新しい戦力に……。

里村　はい。陸遜《りくそん》軍に。

劉備玄徳　うーん。ねえ？　「やられる」という。まったく無名の人だね。

里村　はい。

劉備玄徳　無名の俊英《しゅんえい》が出てきたときに、知らないもんね。だから、甘《あま》く見ちゃうよねえ。それにやられる。そういう「諸行無常《しょぎょうむじょう》」の……、まあ、何て言うか、必ず横綱《よこづな》が敗れる時代も来るんだけど。そのときに、やっぱり、自分としては、そらあ、自分の死期が近いことは、もう明らかだわねえ。

まあ、君ら、笑うかもしらんけど、「天上界《てんじょうかい》に還《かえ》って、張飛や関羽と会ったときに、合わせる顔がない」っていう立場は、やっぱり困るわけよ。こんなことを言うと、ちょっと「バカか」と言われる可能性はあるんだけれども、義兄弟が討《う》たれて、そのまま、「命惜《お》しさ、自軍惜しさに温存して、何もしなかった」っていうと……、それで、自分ももうすぐお迎《むか》えが近いのは分かっていたけれども、あの世に還ったら、もう合わせる顔がないじゃないですか。

里村　うーん。

劉備が負けるのを知っていた、「先見力」のある孔明《こうめい》

劉備玄徳　やっぱり、本当は死ぬ気で行《い》ったんですよ。死ぬ気で行ったし、もう全力で、全力投球で、百万の大軍を率《ひき》いてやって、長蛇《ちょうだ》の陣《じん》を敷《し》いて、兵法どおり、中軍《ちゅうぐん》を討たれて敗れてしまった

劉備《りゅうび》が関羽《かんう》の弔《とむら》い合戦をした夷陵《いりょう》古戦場（湖北省《こほく》宜昌《ぎしょう》市）。長江《ちょうこう》の沿岸に数十もの陣《じん》を敷いていた蜀《しょく》軍に対し、呉《ご》軍は40以上の陣地に背後から火をかけて総攻撃。混乱した蜀軍は四方から攻め立てられ惨敗《ざんぱい》した。

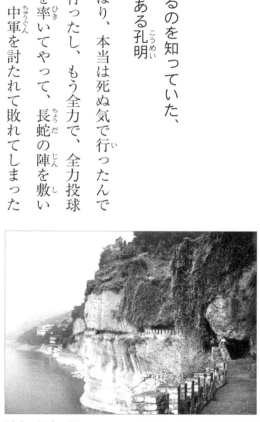

わけで（苦笑）。孔明《こうめい》には、それはよく見えていた。たぶん、二十歳《さい》年下の孔明には見えていたと思うけど、孔明自身も諦《あきら》めていた面がある。たぶん、「私が止めても、もうきかないだろう」と。

里村　ああ……。

劉備玄徳　「劉備様は、三人の〝義兄弟の契《ちぎ》り〟のために、もう死にたいんだろうな。潔《いさぎよ》く、弔い合戦で死にたいんだろうなあ」と思っていたところがあるから、たぶん、止められないのは知っていただろう。止められないのは知っておりながら諫言《かんげん》したけど、まあ、どうせ止められないし。

劉備《りゅうび》（中央）・関羽《かんう》（左）・張飛《ちょうひ》（右）像（四川《しせん》省綿陽《めんよう》市、富楽山《ふらくさん》公園）

それに、孔明自身は、「最終的には（蜀《しょく》は）魏《ぎ》に潰《つぶ》される」と見ていたから。「魏と戦わなきゃいけない」という意味では、呉とは戦うのではなく、「呉と同盟を結ばないと、魏に対抗《たいこう》できない」ということは知っていたから。

だから、それは、理性的には、絶対避《さ》けるべき戦いだった。理性的には避けるべきだったけど、「義」の上からは避けることはできなかった。

要するに、（陸遜は）若手のエースかもしらんけれども、「うちの老兵、老将軍を破っ

白帝城《はくていじょう》で後事を託《たく》す劉備《りゅうび》（中央奥）。（重慶《じゅうけい》市、白帝城）

たやつに、やっぱり一撃《いちげき》を食らわさずにはおれない。こちらも、もう老兵にはなっておるけれども、どうしても、一矢《いっし》を報《むく》いないではいられない」という気持ちはあったわなあ。

だから、孔明は負けるのを知っていた。私が敗れたら、「白帝城に落ち延びたらよい」と言っていたんだから、もう、「どうしようもないぐらい頭がいい」と言えば「いい」わ。「先見力」があるわなあ。落ち延びてくるところまで知っていたんだからね。

劉備が語る、「孔明《こうめい》への感謝」と「蜀《しょく》の限界」

劉備玄徳　それで、(孔明《こうめい》に)後事《こうじ》を託《たく》して、「劉禅《りゅうぜん》がもし補佐《ほさ》するに足る人材なら、君が補佐してくれ。そうでなければ、君自身が政権を取って、国を護《まも》ってくれ」ということだけれども。

実際は、（劉禅は）それだけの頭はなかったというか、徳もなかった人材で。戦乱の地であちこち転戦していて、教育も十分できていなかったので、わがままに育っていた。〝御殿女中《ごてんじょちゅう》〟たちに育てられた息子《むすこ》は、やっぱりひ弱で、十分な後継者《こうけいしゃ》としてはなっていなかったと思うので。

それを（孔明は）よく護ってくれたし、ほかにも優秀《ゆうしゅう》な将軍がいたので、まだ二十年以上は国がもった。十年ぐらいだったかな。二十年か。〝もった〟とは思いますけれども。

里村　そうですね。二十年以上はもちました。

劉備玄徳　うーん。あの段階で、孔明が跡《あと》を取ってくれてもよかったんだけれどもね。だけど、彼も義理堅《がた》い人だったから、「先帝の恩に報いる」ということで、その〝バカ殿《との》〟を立てて国を護り続けた。

だから、〝バカ殿〟であれば、そのあと国がもたないから、本当は魏と戦うことも、ある意味で無理なことであって、魏の天下になることはもう見えていたから、諦めてもいいんだけれども、「いや、自分が生きているうちに、あちらを倒《たお》さなければやられる。次の代に、絶対潰される」と見ていたからね。彼も無理な北伐《ほくばつ》を、何度も何度も繰《く》り返したんだと思うけどね。

このへんが、われわれの力の限界ではあったかなあ。

互《たが》いを信じるには、「死ぬときは一緒《いっしょ》」という気持ちが必要

里村　いやあ、でも、「あの世で合わせる顔がない」とおっしゃいましたけれども……。

劉備玄徳　そうなんだよ。これなんだよ。

里村　そのお言葉に、私は、劉備様の今に続く「人望」というか、「人気の秘密」を見た感じがいたしました。

劉備玄徳　会えないじゃない。それは会えない、会えないよ。（あの世で彼らと）どうやって会うんだよ？　合わせる顔がないじゃない。〝別の世界〟に行かなきゃいけないからさ。

里村　はい。

劉備玄徳　それは、やっぱり、「死ぬときは一緒《いっしょ》」だよ。そのくらいの気持ちがなかったら、やっぱり、お互《たが》いを信じることができないじゃないか。なあ？

里村　ありがとうございます。

「敗れるときは命を惜《お》しまずに敗れる」のも天に殉《じゅん》ずること

里村　そろそろお時間もまいりましたけれども、今日のいろいろなお話を振り返ったときに、「リーダーとして、小から大を成していくために大切なポイント」とは、どのようなものであるのでしょうか。改めて、最後にまとめていただければと思います。

劉備玄徳　まあ、大成功したわけじゃないので。

里村　いえ、いえ、いえ。

劉備玄徳　小さな、〝小成功〟までしか行っていないから。

里村　いやあ、そんなことはないです。

劉備玄徳　うーん……。大きなことを言っちゃいけないので、もっと偉《えら》い人に訊《き》いてくれたほうがいいとは思うけれども。

ある程度、〝創業〟としてはね、あるいは「建国」としては、やっぱり、努力してつくっていく楽しさ、その喜びっていうのはすごいものだと思うけれども。最後には、「それ自体が目的になってはいかん」ということを知っていなきゃいけないと思うんだね。

里村　はい。

劉備玄徳　だから、自分の国が中国全土を平定《へいてい》したりできないこともあるかもしれないけれども、最後は、自分たちのつくったもの、つくり上げてきたもの、いろいろなものを、すべて投げ出さなきゃいけないときだって来ることもあると思う。

つまり、〝負けることが義務である〟ということもあるんだろうと思うんです。例えば、ほかの国、呉の国とか魏の国が、もし「天下を統一する」という天命を持っているのなら、それに敗れるのも運命だとは思うんだよね。

そういう意味で、力を尽《つ》くして、やれるだけのことはやるけれども、敗れるときには命を惜《お》しまないで敗れていくことも、また一つ、〝天に殉《じゅん》ずる〟ことかなとは思っているね。こういうところは、明治維新《いしん》の志士たちも、みんな同じような気持ちだったんじゃないかね。

だから、自分が成り上がって、偉くなって、懐《ふところ》にお金も入れ、地位も手に入れた人はたくさんいるかもしれないけど、（その他は）死んだ人が大部分だからね。

「自分は成果を手に入れられない」という人が多かったと思うけど、そういう、〝力及《およ》ばずして果てる〟ことも知っていなければいけないと思うね。

里村　なるほど。

「志半《こころざしなか》ばで君たちの偉業《いぎょう》が潰《つい》えても、その志は後世に遺《のこ》る」

斎藤　大川隆法総裁の著《あらわ》された『忍耐《にんたい》の法』（幸福の科学出版刊）では、「偉人《いじん》は、みな、本当に、死んでいくことが分かっていたとしても、その矛盾《むじゅん》を乗り越《こ》えていく。そのなかに徳が発生する」というようにお教えいただいておりますが、本日、劉備様に頂いたお言葉からは、何か、その〝息吹《いぶき》〟を感じます。本当にありがとうございます。

劉備玄徳　うん。だから、君たちも、「世界宗教を統合し、全世界を平和と安定のなかに繁栄《はんえい》させたい」っていう気持ちを持っているけれども、おそらく、それは、そう簡単に成ることではないだろう。すでにあるものは大きいし、力もあるし、歴史も持っている。君たちの、にわかに起きた勢力が世界を席巻《せっけん》するところまで行くのは、そんなに簡単なことではないだろう。志半《こころざしなか》ばで、君たちの偉業が潰《つい》えることだってあるかもしれない。

ただ、その志は後世に遺《のこ》るものであるからね。その完成しないことをもって

「失敗だ」とは思ってはいけないと思うよ。やっぱり、君たちの志を遺すことが大事なことなのではないかと思う。

実際問題として、二千年やっているキリスト教、千三百年以上やっているイスラム教、全世界に根を張っていますよ。二十億、十数億（の信者を）持っている。そんなこんなで、いっぱいあるわけですから。これらを全部平《たい》らげて、幸福の科学の教えで世界を染めるって、現実は、君らが生きている間に、そんなに簡単に達成できることではないだろう。あるいは、「三国志」と同じような状況《じょうきょう》になるかもしれないと思うよ。

でも、必ず後世に何かが遺ると思うね。

だから、君たちが君たちの勢力を広げることで、君たち自身の利得を増やすだけであってはならないのであって。

やっぱり、君たちが君たちの考えを広げることによって、実際に、より多くの人たちが幸福になっていくことを、いつも確かめつつ、やっていくことが大事だ。「大義を掲《かか》げつつ、世界の民族や人種、宗教を超《こ》えた人たちを愛する気持ちを忘れてはならない」ということを言っておきたいね。

里村　はい、分かりました。今日は本当に、長時間にわたり、たいへん大切な教えを頂きました。

劉備玄徳　うん、うん。はい。

里村　本日は、まことにありがとうございました。

10　孔子《こうし》の徳とは違《ちが》う「組織のリーダーとしての徳」

大川隆法　はい、ありがとうございました（手を二回叩《たた》く）。

人を惹《ひ》きつけるだけの魅力《みりょく》は、やはりあったように思いました。

いろいろな方にとって、参考になるのではないでしょうか。

里村　はい、本当に惹きつけられました。

大川隆法　自分より頭のよい人や武力の強い人がたくさんいることを知っていて、それを「まとめ上げる力」が劉備にはありました。

だから、孔子《こうし》が言っている徳とは少し違《ちが》う、「組織論における徳」「組織のリーダーとしての徳」というものを、やはり持っていました。

考え方として、これは入れるべきことですね。儒者《じゅしゃ》では説けない部分ですね。

勉強したいと思います。

釈さんも頑張《がんば》ってくださいね。

釈　はい。

質問者一同　ありがとうございました。

あとがき

三十歳にして、信者ゼロ、資金ゼロ、不動産ゼロ、組織ゼロで幸福の科学を立ち上げた私にとって、『三国志』の劉備玄徳の徳力《とくりょく》や諸葛亮孔明の智謀《ちぼう》に学ぶことは必須《ひっす》の教養であった。大学では決して教えてはくれなかった、人材論や組織的成功論がそこにはあった。

「徳のリーダーシップ」とは、私自身も一生をかけて、学びつくそうと目指しているものの一つである。愛の心を、どうやって、実社会で、組織をつくり上げながら、実践《じっせん》していくか。知識や学歴を超えた、「徳」とはどこから発生するのか。多くの人々を引きつけてやまない「魅力《みりょく》」とは、どんな人柄から生まれてくるのか。

今、ここに、人間学の宝庫の扉《とびら》が開かれたと言っても過言《かごん》ではあるまい。

二〇一七年　九月二十六日

幸福《こうふく》の科学《かがく》グループ創始者兼総裁《そうししゃけんそうさい》　大川隆法《おおかわりゅうほう》

『徳のリーダーシップとは何か　三国志の英雄・劉備玄徳は語る』

大川隆法著作関連書籍

『忍耐の法』（幸福の科学出版刊）
『帝王学の築き方』（同右）
『現代の帝王学序説』（同右）
『実戦起業法』（同右）
『項羽と劉邦の霊言　項羽編――勇気とは何か』（同右）
『項羽と劉邦の霊言　劉邦編――天下統一の秘術』（同右）
『もし諸葛孔明が日本の総理ならどうするか？』（ＨＳ政経塾刊）

徳《とく》のリーダーシップとは何《なに》か
三国志《さんごくし》の英雄《えいゆう》・劉備玄徳《りゅうびげんとく》は語《かた》る

2017年10月12日　初版第1刷

著　者　　大《おお》　川《かわ》　隆《りゅう》　法《ほう》

発行所　　幸福の科学出版株式会社

〒107-0052 東京都港区赤坂2丁目10番14号
TEL(03)5573-7700
http://www.irhpress.co.jp/

印刷・製本　株式会社 堀内印刷所

落丁・乱丁本はおとりかえいたします

ISBN978-4-86395-943-9 C0030
カバー写真：イラストレーター水谷嘉孝
写真：beibaoke ／希望 2007 ／ genjoe ／ trikehawks/PIXTA ／ beibaoke/PIXTA
／ naoki/PIXTA ／ genjoe/PIXTA ／シーピーシー・フォト／ Dhugal Fletcher
／ ping lin ／ Shizhao ／ Tomasz Dunn ／剣林

大川隆法 霊言シリーズ・**時代を拓く英雄の条件**

項羽と劉邦の霊言　項羽編
―― 勇気とは何か

真のリーダーの条件とは何か――。乱世の英雄・項羽が、「小が大に勝つ極意」や「人物眼」の鍛え方、さらに、現代の中国や世界情勢について語る。

1,400円

項羽と劉邦の霊言　劉邦編
―― 天下統一の秘術

2200年前、中国の乱世を統一した英雄・劉邦が、最後に勝利をつかむための「人間学」「人材論」「大局観」を語る。意外な転生《てんしょう》の姿も明らかに。

1,400円

百戦百勝の法則
韓信流・勝てる政治家の条件

人の心をつかむ人材となれ――。不敗の大将軍・韓信が、ビジネスにも人生にも使える、「現代の戦《いくさ》」に勝ち続ける極意を伝授。【幸福実現党刊】

1,400円

※表示価格は本体価格(税別)です。

大川隆法 霊言シリーズ・中国の思想家の霊言

孔子、「怪力乱神」を語る

儒教思想の真意と現代中国への警告

なぜ儒教では「霊界思想」が説かれなかったのか？ 開祖・孔子自《みずか》らが、その真意や、霊界観、現代中国への見解、人類の未来について語る。

1,400円

老子の幸福論

「タオ（道）」の思想の本質とは？ そして、唯物論に染まった「現代中国を救う道」とは？ 2500年の時を経《へ》て、老子から現代人へのメッセージ。

1,500円

荘子の人生論

荘子が考える「自由」とは？「幸福」とは？「美」とは？ また、現代中国をどう見ているのか？ 古代中国の生んだ奇才が語る、奔放の人生論。

1,500円

大川隆法 霊言シリーズ・志と徳あるリーダーを目指して

政治家の正義と徳 西郷隆盛の霊言

維新三傑の一人・西郷隆盛が、「財政赤字」や「政治不信」、「オバマの非核化宣言」を一喝する。信義と正義を貫く政治を示した、日本人必読の一冊。

1,400円

吉田松陰「現代の教育論・人材論」を語る

「教育者の使命は、一人ひとりの心のロウソクに火を灯《とも》すこと」。維新の志士たちを数多く育てた偉大な教育者・吉田松陰の「魂のメッセージ」！

1,500円

心を練る 佐藤一斎の霊言

幕末の大儒者にして、明治維新の志士たちに影響を与えた佐藤一斎が、現代の浅薄な情報消費社会を一喝し、今の日本に必要な「志」を語る。

1,400円

※表示価格は本体価格（税別）です。

大川隆法ベストセラーズ・人の上に立つ者の心構え

帝王学の築き方

危機の時代を生きるリーダーの心がけ

追い風でも、逆風でも前に進むことがリーダーの条件である——。帝王学をマスターするための智慧が満載された、『現代の帝王学序説』の続編。

2,000円

現代の帝王学序説

人の上に立つ者はかくあるべし

組織における人間関係の心得、競争社会での「徳」の積み方、リーダーになるための条件など、学校では教わらない「人間学」の要諦が明かされる。

1,500円

リーダーに贈る「必勝の戦略」

人と組織を生かし、
新しい価値を創造せよ

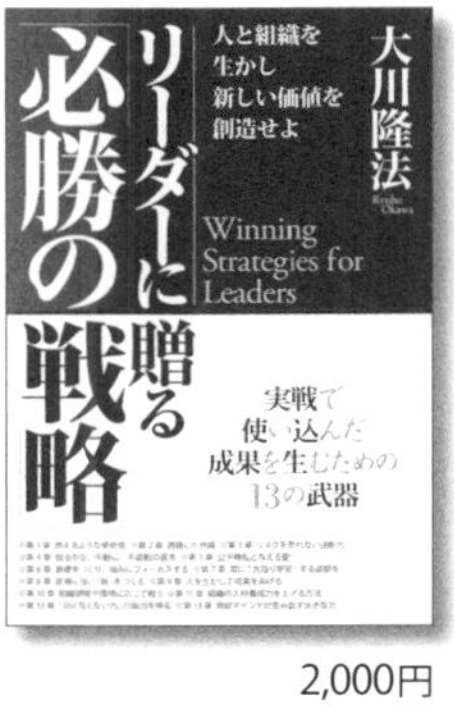

燃えるような使命感、透徹した見識、リスクを恐れない決断力……。この一書が、魅力的リーダーを目指すあなたのマインドを革新する。

2,000円

常勝の法

人生の勝負に勝つ成功法則

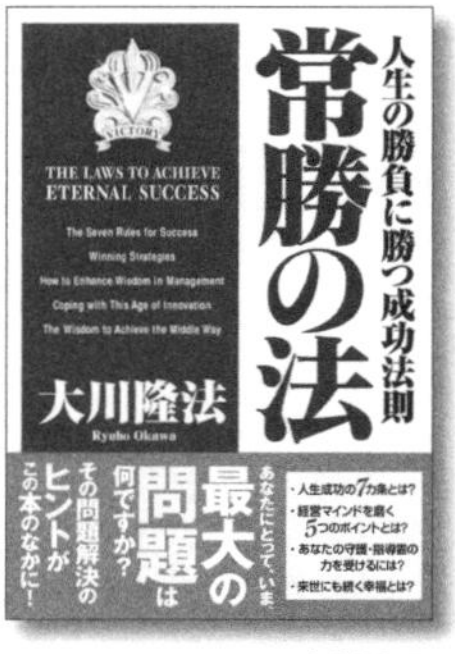

人生全般にわたる成功の法則や、不況をチャンスに変える方法など、あらゆる勝負の局面で勝ち続けるための兵法を明かす。

1,800円

成功の法

真のエリートを目指して

愛なき成功者は、真の意味の成功者ではない。個人と組織の普遍の成功法則を示し、現代人への導きの光となる、勇気と希望の書。

1,800円

忍耐の法

「常識」を逆転させるために

人生のあらゆる苦難を乗り越え、夢や志を実現させる方法が、この一冊に──。混迷の現代を生きるすべての人に贈る「法シリーズ」第20作！

2,000円

※表示価格は本体価格（税別）です。

大川隆法シリーズ・最新刊

「報道ステーション」コメンテーター
後藤謙次 守護霊インタビュー 政局を読む

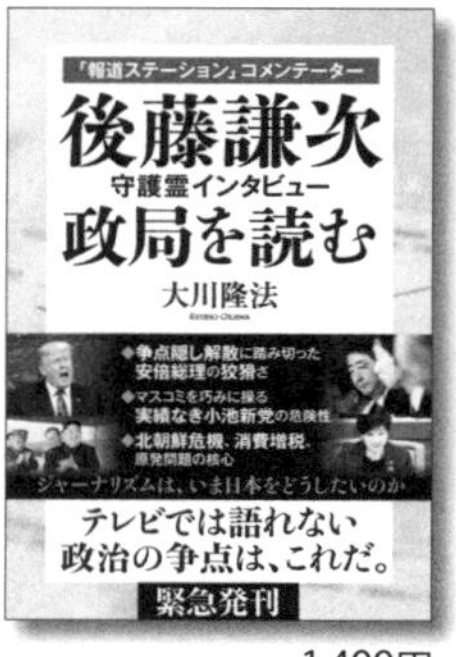

争点隠しや論点のすり替えに騙されるな！ 北朝鮮危機、消費増税、小池新党などについて、テレビでは語れない〝国難選挙〟の問題点を鋭く分析。

1,400円

自分の国は自分で守れ
「戦後政治」の終わり、「新しい政治」の幕開け

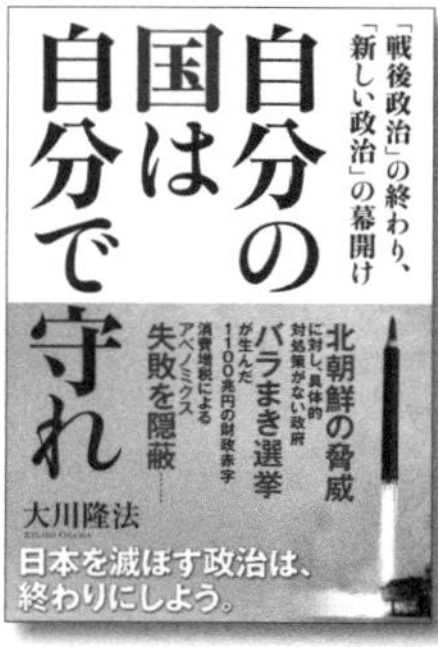

北朝鮮の核開発による国防危機、1100兆円の財政赤字、アベノミクスの失敗……。嘘と国内的打算の政治によって混迷を極める日本への最新政治提言！

1,500円

老いて朽ちず
知的で健康なエイジレス生活のすすめ

いくつになっても知的に。年を重ねるたびに健やかに——。著者自身が実践している「知的鍛錬」や「生活習慣」など、生涯現役の秘訣を伝授！

1,500円

※表示価格は本体価格（税別）です。

大川隆法「法シリーズ」・**最新刊**

伝道の法

法シリーズ
第23作

人生の「真実」に目覚める時

人生の悩みや苦しみは
どうしたら解決できるのか。
世界の争いや憎しみは
どうしたらなくなるのか。
ここに、ほんとうの「答え」がある。

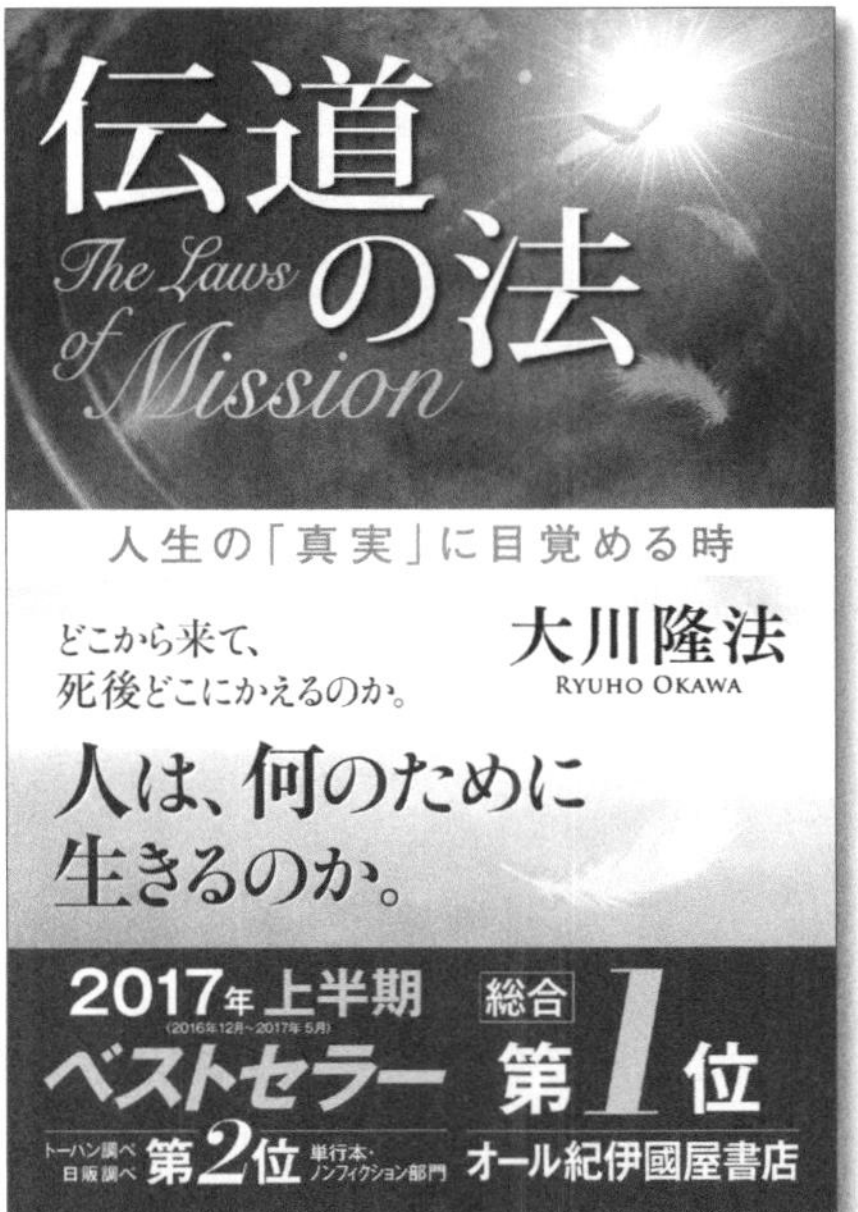

2,000円

第１章　心の時代を生きる　―― 人生を黄金に変える「心の力」
第２章　魅力ある人となるためには ―― 批判する人をもファンに変える力
第３章　人類幸福化の原点　―― 宗教心、信仰心は、なぜ大事なのか
第４章　時代を変える奇跡の力　―― 危機の時代を乗り越える「宗教」と「政治」
第５章　慈悲の力に目覚めるためには　―― 一人でも多くの人に愛の心を届けたい
第６章　信じられる世界へ ―― あなたにも、世界を幸福に変える「光」がある

幸福の科学出版

幸福の科学グループのご案内

宗教、教育、政治、出版などの活動を通じて、地球的ユートピアの実現を目指しています。

幸福の科学

一九八六年に立宗。信仰の対象は、地球系霊団の最高大霊、主エル・カンターレ。世界百カ国以上の国々に信者を持ち、全人類救済という尊い使命のもと、信者は、「愛」と「悟り」と「ユートピア建設」の教えの実践、伝道に励んでいます。

（二〇一七年十月現在）

愛

幸福の科学の「愛」とは、与える愛です。これは、仏教の慈悲《じひ》や布施《ふせ》の精神と同じことです。信者は、仏法真理をお伝えすることを通して、多くの方に幸福な人生を送っていただくための活動に励んでいます。

悟り

「悟り」とは、自らが仏の子であることを知るということです。教学《きょうがく》や精神統一によって心を磨き、智慧《ちえ》を得て悩みを解決すると共に、天使・菩薩《ぼさつ》の境地を目指し、より多くの人を救える力を身につけていきます。

ユートピア建設

私たち人間は、地上に理想世界を建設するという尊い使命を持って生まれてきています。社会の悪を押しとどめ、善を推し進めるために、信者はさまざまな活動に積極的に参加しています。

国内外の世界で貧困や災害、心の病で苦しんでいる人々に対しては、現地メンバーや支援団体と連携して、物心両面にわたり、あらゆる手段で手を差し伸べています。

年間約３万人の自殺者を減らすため、全国各地で街頭キャンペーンを展開しています。

公式サイト **www.withyou-hs.net**

ヘレン・ケラーを理想として活動する、ハンディキャップを持つ方とボランティアの会です。視聴覚障害者、肢体不自由な方々に仏法真理を学んでいただくための、さまざまなサポートをしています。

公式サイト **www.helen-hs.net**

入会のご案内

幸福の科学では、大川隆法総裁が説く仏法真理《ぶっぽうしんり》をもとに、「どうすれば幸福になれるのか、また、他の人を幸福にできるのか」を学び、実践しています。

入会

仏法真理を学んでみたい方へ

大川隆法総裁の教えを信じ、学ぼうとする方なら、どなたでも入会できます。入会された方には、『入会版「正心法語」』が授与されます。

三帰《さんき》誓願《せいがん》

信仰をさらに深めたい方へ

仏弟子としてさらに信仰を深めたい方は、仏《ぶっ》・法《ぼう》・僧《そう》の三宝《さんぼう》への帰依を誓う「三帰誓願式」を受けることができます。三帰誓願者には、『仏説・正心法語《しょうしんほうご》』『祈願文《きがんもん》①』『祈願文②』『エル・カンターレへの祈り』が授与されます。

幸福の科学 サービスセンター
TEL 03-5793-1727 (受付時間／火～金：10～20時 土・日祝：10～18時)

幸福の科学 公式サイト
happy-science.jp

教育

ハッピー・サイエンス・ユニバーシティ
Happy Science University

ハッピー・サイエンス・ユニバーシティとは

ハッピー・サイエンス・ユニバーシティ（ＨＳＵ）は、大川隆法総裁が設立された「現代の松下村塾」であり、「日本発の本格私学」です。
建学の精神として「幸福の探究と新文明の創造」を掲げ、
チャレンジ精神にあふれ、新時代を切り拓く人材の輩出を目指します。

学部のご案内

人間幸福学部

人間学を学び、新時代を切り拓くリーダーとなる

経営成功学部

企業や国家の繁栄を実現する、起業家精神あふれる人材となる

未来産業学部

新文明の源流を創造するチャレンジャーとなる

HSU長生キャンパス
〒299-4325
千葉県長生郡長生村一松丙 4427-1
TEL **0475-32-7770**

未来創造学部

時代を変え、未来を創る主役となる

政治家やジャーナリスト、ライター、俳優・タレントなどのスター、映画監督・脚本家などのクリエーター人材を育てます。４年制と短期特進課程があります。

・４年制
１年次は長生キャンパスで授業を行い、２年次以降は東京キャンパスで授業を行います。

・短期特進課程（２年制）
１年次・２年次ともに東京キャンパスで授業を行います。

HSU未来創造・東京キャンパス
〒136-0076
東京都江東区南砂2-6-5
TEL **03-3699-7707**

学校法人
幸福の科学学園

学校法人　幸福の科学学園は、幸福の科学の教育理念のもとにつくられた教育機関です。人間にとって最も大切な宗教教育の導入を通じて精神性を高めながら、ユートピア建設に貢献する人材輩出を目指しています。

幸福の科学学園

中学校・高等学校（那須本校）
2010年4月開校・栃木県那須郡（男女共学・全寮制）
TEL **0287-75-7777**
公式サイト **happy-science.ac.jp**

関西中学校・高等学校（関西校）
2013年4月開校・滋賀県大津市（男女共学・寮及び通学）
TEL **077-573-7774**
公式サイト **kansai.happy-science.ac.jp**

仏法真理塾「サクセスNo.1」 TEL **03-5750-0747**（東京本校）
小・中・高校生が、信仰教育を基礎にしながら、「勉強も『心の修行』」と考えて学んでいます。

不登校児支援スクール「ネバー・マインド」 TEL **03-5750-1741**
心の面からのアプローチを重視して、不登校の子供たちを支援しています。
また、障害児支援の**「ユー・アー・エンゼル!」運動**も行っています。

エンゼルプランV TEL **03-5750-0757**
幼少時からの心の教育を大切にして、信仰をベースにした幼児教育を行っています。

シニア・プラン21 TEL **03-6384-0778**
希望に満ちた生涯現役人生のために、年齢を問わず、多くの方が学んでいます。

NPO
活動支援

学校からのいじめ追放を目指し、さまざまな社会提言をしています。また、各地でのシンポジウムや学校への啓発ポスター掲示等に取り組む一般財団法人「いじめから子供を守ろうネットワーク」を支援しています。

公式サイト **mamoro.org**
相談窓口 **TEL.03-5719-2170**
ブログ **blog.mamoro.org**

政治

幸福実現党

内憂外患《ないゆうがいかん》の国難に立ち向かうべく、2009年5月に幸福実現党を立党しました。創立者である大川隆法党総裁の精神的指導のもと、宗教だけでは解決できない問題に取り組み、幸福を具体化するための力になっています。

幸福実現党 釈量子サイト
shaku-ryoko.net

Twitter
釈量子@shakuryoko
で検索

党の機関紙
「幸福実現NEWS」

幸福実現党 党員募集中

あなたも幸福を実現する政治に参画しませんか。

○幸福実現党の理念と綱領、政策に賛同する18歳以上の方なら、どなたでも参加いただけます。

○党費：正党員（年額5千円［学生 年額2千円］）、特別党員（年額10万円以上）、家族党員（年額2千円）

○党員資格は党費を入金された日から1年間です。

○正党員、特別党員の皆様には機関紙「幸福実現NEWS（党員版）」が送付されます。

＊申込書は、下記、幸福実現党公式サイトでダウンロードできます。
住所：〒107-0052　東京都港区赤坂2-10-8 6階 幸福実現党本部
TEL **03-6441-0754**　FAX **03-6441-0764**
公式サイト **hr-party.jp**　若者向け政治サイト **truthyouth.jp**

幸福の科学出版

出版
メディア
事業

大川隆法総裁の仏法真理の書を中心に、ビジネス、自己啓発、小説など、さまざまなジャンルの書籍・雑誌を出版しています。他にも、映画事業、文学・学術発展のための振興事業、テレビ・ラジオ番組の提供など、幸福の科学文化を広げる事業を行っています。

アー・ユー・ハッピー?
are-you-happy.com

ザ・リバティ
the-liberty.com

幸福の科学出版
TEL **03-5573-7700**
公式サイト **irhpress.co.jp**

THE FACT

ザ・ファクト
マスコミが報道しない
「事実」を世界に伝える
ネット・オピニオン番組

芸能文化
事業

NEW STAR PRODUCTION

ニュースター・プロダクション

「新時代の"美しさ"」を創造する芸能プロダクションです。2016年3月に映画「天使に"アイム・ファイン"」を、2017年5月には映画「君のまなざし」を公開しています。

公式サイト **newstarpro.co.jp**

ARI Production

ARI《アリ》 Production《プロダクション》

タレント一人ひとりの個性や魅力を引き出し、「新時代を創造するエンターテインメント」をコンセプトに、世の中に精神的価値のある作品を提供していく芸能プロダクションです。

公式サイト **aripro.co.jp**

大川隆法　講演会のご案内

大川隆法総裁の講演会が全国各地で開催されています。
講演のなかでは、毎回、「世界教師」としての立場から、幸福な人生を生きるための心の教えをはじめ、世界各地で起きている宗教対立、紛争、国際政治や経済といった時事問題に対する指針など、日本と世界がさらなる繁栄の未来を実現するための道筋が示されています。

8月2日 東京ドーム「人類の選択」

5月14日 ロームシアター京都
「永遠なるものを求めて」

4月23日 高知県立県民体育館「人生を深く生きる」

2月11日 大分別府ビーコンプラザ・コンベンションホール
「信じる力」

1月9日 パシフィコ横浜「未来への扉」

講演会には、どなたでもご参加いただけます。
最新の講演会の開催情報はこちらへ。⟹

大川隆法総裁公式サイト
https://ryuho-okawa.org